谁偷走了你的时间

陈 廷 / 编著

中国华侨出版社

图书在版编目（CIP）数据

谁偷走了你的时间/陈廷编著．—北京：中国华侨出版社，
2011.10

ISBN 978 - 7 - 5113 - 1725 - 4

Ⅰ.①谁… Ⅱ.①陈… Ⅲ.①时间 – 管理 – 通俗读物
Ⅳ.①C935 – 49

中国版本图书馆 CIP 数据核字（2011）第 183754 号

● 谁偷走了你的时间

编　　著	/陈　廷
责任编辑	/严晓慧
经　　销	/新华书店
开　　本	/710 × 1000 毫米　1/16　印张 15　字数 200 千字
印　　数	/5001-10000
印　　刷	/北京一鑫印务有限责任公司
版　　次	/2013 年 5 月第 2 版　2018 年 3 月第 2 次印刷
书　　号	/ISBN 978 - 7 - 5113 - 1725 - 4
定　　价	/29.80 元

中国华侨出版社　　北京市朝阳区静安里 26 号通成达大厦 3 层　　邮编 100028
法律顾问：陈鹰律师事务所
编辑部：（010）64443056　　64443979
发行部：（010）64443051　　传真：64439708
网　址：www.oveaschin.com
e- mail：oveaschin@ sina.com

前言
Preface

    都说生命是一条河流，那么时间便是奔腾不息的浪涛背后的推手。在这只隐形大手的指挥下，我们度过的每一天都不再重来。或者比喻得细腻一点，时间也如沙漏。沙漏里的沙，从细细的瓶颈处一粒一粒缓慢落下，上边流泻，下边堆积，待上半截的沙粒全部漏尽，一切就都结束了。不停地减少、流逝，直至最终消失，没有什么比沙漏所塑造的这种残酷感更让人感到不安了！我们每个人的时间，就像沙漏里的沙粒，在我们不经意间，一点一滴缓缓地漏掉、流逝。沙漏可以翻转过来，将其两头调换，让沙粒再次从上方缓慢漏下。而我们的人生、时间可以倒转吗？显然不能。

    时间是如此不近人情，或许令人生畏；时空是如此浩渺，让人常常忽略了它其实是由点滴构建而成；时间无处不在，却让人难以掌控。然而，时间对每个人都是公平的。做功成名就者，还是甘居平庸之辈，取决于你对时间的态度。前一种人总觉得时间不够用，他总会挤出一切时间用于学习、思考、增长知识，以实现自己的目标；而后者总感叹时日太长，常与空虚、无聊为伴。时间对智者而言，如同钻石般珍贵；但对不会运用的人来说，却犹如一把泥土，毫无价值。

当然，对时间的可贵和易逝，步履匆忙的都市人群对此并非缺少认识和重视。忙、累，成为在职场打拼之人的共同感受。我的时间为什么总不够用？难道被什么偷走了吗？甚至有人会发出此种疑问。问题是，并非从早到晚地忙碌个不停就代表你做到了珍惜时间。时间作为一种人人共有却又易于被忽视的、最大众化的财富，就像理财一样，是需要管理的。

　　钟表的时间是"死"的，而如果善于管理，你的时间会"活"起来。生命的长度是固定的，而"活"用时间却能拓宽生命的厚度和宽度。如何利用好时间，最大限度地发挥时间的最大效率，实现自己的人生理想，创造自己的财富，是这本书谈论的主旨所在。

目 录
Contents

| 第一章 | 我们的时间被偷走了吗 |

你是不是每天都很忙，但却没有显著的工作效果？你是不是终日繁忙，但你的老总仍认为你没有尽力？你是不是经常加班工作，每天很少有时间陪家人？

作为都市人，我们生活在一个忙碌的年代，随着生活的快节奏而不停高速运转。形形色色的责任、工作、约会、消遣或是娱乐使人越来越应接不暇，渐渐忘记了那句至理名言：少即是多。总是脚步匆匆，无法安心品味片刻闲暇；总是忙于奔波，无法打理烦乱的思绪……为什么我们总是处于匆匆忙忙的状态？为什么总是觉得时间不够用？我们的时间到底去哪里了？难道是被谁偷走了吗？

1. 关于时间的有趣数据 …………………………………… 2
2. 职场穷忙族连声喊累 …………………………………… 5
3. 时间被超载的信息吞噬 ………………………………… 10

4. 不知不觉中追求越快越好 ……………………… 13

5. 欲望迫使我们忙碌 ……………………………… 14

6. 时间本身是无辜的 ……………………………… 16

| 第二章 | 人生的梦想和未来在时间的魔盒里

　　每个人都有自己的梦想，你可以赞叹他人的梦想高远，也可以认为别人的梦想平凡。然而，人生不能没有梦想，梦想是一个人前进的动力。既然称作梦想，便不是眼前的现实，一个人必须通过一定时间的拼搏、积累，然后才能使虚幻的梦想成真。当然，付出努力和汗水后梦想却不开花的情况比比皆是，亦需正视它。这是时间对于梦想和未来的第一重意义。树立梦想后，人们一般都急于实现，这当然是急不来的。然而却可将这种急迫的心情转化为对时间的紧急意识，时刻明白岁月苦短，逝者如斯，然后抓紧一切时间为梦想而行动。

1. 你到底想从生活中得到什么 …………………… 20

2. 每个人的潜在能量都是惊人的 ………………… 24

3. 一小时的价值只在于利用到的几分钟而已 …… 27

4. 时间越珍惜越多，越浪费越少 ………………… 30

5. 宝贵的上进心让闲暇时间增值 ………………… 33

6. 最珍贵的财富是利用时间 ……………………… 36

7. 不要让明天为今天埋单 ………………………… 38

|第三章|　　偷走时间的七大"神偷"

每一天都有太多的事情要忙，很少有时间去做自己想做的事情；每一天都稍纵即逝，到头来往往一事无成，该完成的任务却依然没有头绪；每一天愁眉苦脸地工作，让恐惧和焦虑时刻萦绕心头。为什么时间总是不够用？到底是谁偷走了我的时间？请看——偷走时间的七大"神偷"。

1. 缺乏对时间的信念 ……………………………… 42

2. 行动缺少计划性 ………………………………… 45

3. 时间拖延症 ……………………………………… 48

4. 工作时不投入，玩时惦记工作 ………………… 51

5. 被无聊占据心灵 ………………………………… 53

6. 欲望的陷阱太多 ………………………………… 58

|第四章|　　管理好时间，才能享受工作和生活

这个世界上根本不存在"没时间"这回事。如果你跟很多人一样，也是因为"太忙"而没时间完成自己的工作的话，那请你一定记住，在这个世界上还有很多人，他们比你更忙，却完成了更多的工作。这些人并没有比你拥有更多的时间，而只是学会了更好地利用自己的时间而已。而他们的秘诀只在于，进行时间管理，发挥时间的最大效用。

1. 什么是时间管理 ·································· 62

2. 时间管理，被忽视的重要理念 ·················· 64

3. 把时间管理培养成习惯 ························ 67

4. 有关时间管理的关键问题 ······················ 70

5. 常用的时间管理工具 ·························· 74

6. 管理好时间就要"目中无人" ·················· 76

|第五章| 成功源于有效的时间管理

在开始本章之前，问你一个问题：你认为生命中最大的财富是什么？万贯家产？别墅？豪车？还是家庭？抑或一个心心相印的爱人？一份珍藏于心的恋情？无论你的答案是什么，你都需要两样东西来实现或管理它，一项是头脑，一项是时间，这才是我们人生中最大、最宝贵的两项资产。不理解？那么请想想，不论你做哪件事，即便不用脑子，你是不是也要花费时间？时间对我们的人生走向更起着决定性的作用。因而可以说，时间管理水平的高低将决定你事业和生活的成败。

1. 利用情绪积极时段，发挥高效率 ················ 82

2. 懂得休息才懂得工作 ·························· 85

3. 发现看不到的时间 ···························· 89

4. 星期天上帝也不休息 ·························· 94

5. 把日常工作格式化 ···························· 97

6. 为翻身，穷忙族需学会时间管理 ·························· 99

|第六章| 做好规划，赶走"岁月神偷"

　　时间是什么？在科学家眼里，时间甚至比生命宝贵。人最宝贵的是生命，每个人的生命都只有一次。等到了垂垂老矣，生命时日无多那刻，我们都禁不住在内心问自己：我这辈子值吗？我这一生的时间都花在哪里了呢？多数人肯定希望在有生之年对自己干脆地说出一句"我这辈子活得值了"，可惜多数人的人生都会存在缺憾，以致难以如愿。或许到那时，我们才真正醒悟：岁月恰恰是偷走时间最大的"岁月神偷"。为了减少缺憾，我们在青春年少的大好时光里，就应对人生做好规划，握紧时间的财富，将"岁月神偷"打倒在地。

1. 确认并优先考虑你的个人目标 ·························· 106

2. 最能防止时间被偷的方法是学习 ······················ 109

3. 心理建设是时间管理的前提 ·························· 112

4. 尽管去做，让时间管理更聚焦价值 ···················· 115

5. 二八时间管理法则 ································ 117

6. 不要从公牛身上挤奶 ······························ 121

7. 驾驭时间，只争朝夕 ······························ 124

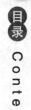

目录 Contents

第七章　通过管理自己与时间做朋友

有人认为时间就是生命，是一个生命成长过程中的主宰；有人总感觉无所事事，觉得时间非常难熬，认为时间是敌人；有人总觉得一天、一月、一年甚至一生倏的一下就过去了，时间太快了，于是把时间视为神秘物；另外有人认为时间是可以为人所支配的，把时间当做奴隶。无论你属于哪种人，无论你把时间看做主宰、敌人，还是神秘物、奴隶，最关键的在于你会不会管理自己，你是否善于对自己的人生作出规划，包括对家庭、工作、健康、娱乐休闲、人际关系、理财和自我成长进行计划和协调。只有先管理好自己，才有可能管理好时间，与时间成为朋友。

1. 如何应对各种出其不意的打扰 …………………… 130

2. 创造一天多于 24 小时的法则 …………………… 133

3. 精确计划工作时间 …………………………………… 138

4. 让时间在横向空间里扩张 ………………………… 141

5. 不要无谓地浪费时间 ………………………………… 144

6. 善用集中统筹的策略 ………………………………… 146

7. 采用优先事务系统 …………………………………… 150

| 第八章 | 在时间夹缝中寻找空间

　　工作日期间，我们窝在办公室的格子间似乎总有忙不完的事。为了完成任务，加班熬夜的事情时常有之。到周末或假日是否就可以完全放松呢？好像也未必。这么看来，我们的时间似乎总是安排得满满的。实际上，无论多忙的人，他的时间安排当中都存在各种夹缝。这些夹缝包括：我们可以通过改善自己的某些习惯或改正某种固有的错误思维，提高自己的学习或工作效率；做某件事时，我们做到最大程度的投入，在保证结果正确的前提下实现效率最大化；善于应付压力，不让压力干扰自己；对待来自外界的一些经常性干扰果断一点，使自己的时间属于自己；分得清事情的"紧急性"和"重要性"，能够按照轻重缓急处理事情。

1. 良好的习惯是一种个人竞争力 ……………………… 154

2. 达到精力与效率的双赢 ……………………………… 158

3. 既要专注，又要放得下 ……………………………… 161

4. 学会应对外界的干扰 ………………………………… 165

5. 压力可以变成好朋友 ………………………………… 168

6. 为减少时间被偷要学会说"不" …………………… 172

7. 做好"紧急"和"重要"的两难选择 ……………… 175

目录 Contents

| 第九章 |　　与时间同行，高效利用时间的诀窍

人生天地之间，若白驹过隙，忽然而已。时间好似一匹千里马，如果你不能很好地驾驭它，它便脱开缰绳飞奔而去。所以，我们时时刻刻都要勒紧缰绳，驾驭这匹千里马奋勇向前。光阴似箭，短短人生能够经历多少春夏秋冬？一切只在于你弹指的瞬间，当你使自己的生活变得丰富而有意义，才会无愧于心。诚然，一个人生命的价值在于他为社会创造的价值，但这种价值的创造却是随时间的延续来实现的。所以，与时间同行，懂得高效利用时间显得尤为重要。

1. 时间管理有利职场抗压 …………………………………… 180

2. 根据生物节律巧妙安排时间 ……………………………… 184

3. 降低时间安排的变动性 …………………………………… 188

4. 做真正重要的事 …………………………………………… 190

5. 如何获得时间平衡 ………………………………………… 193

6. 捡起你的时间碎片 ………………………………………… 197

|第十章| 是你偷走了自己的时间

缺乏对时间的信念，行动缺少计划性，做事喜欢拖延，工作不投入，被无聊所打败，不懂得拒绝，陷入欲望的陷阱……偷走时间的"神偷"简直不计其数。然而，揭开现象看本质，真正偷走时间的是谁？是你自己。如果你发自真心热爱生活，珍惜时间，上进心强，志向远大，那么任何"神偷"都没法在你身边出现。人与动物最大的区别在于，具备主观能动性，对时间的能动性我们往往没有充分地发挥。因而，改变观念和心态，改进行为和习惯，并追求人格完善，在时间管理上才能逐渐占取主动地位。

1. 立即行动，不要让"等"扼杀了时间 …………… 204
2. 简化事务，做到不为效率忧虑 …………… 206
3. 越早醒悟越好 …………… 210
4. 如何每天比别人多一小时 …………… 212
5. 拓宽生命的宽度 …………… 215
6. 做个不迟到的人 …………… 217
7. 快做慢活，掌握成功节奏 …………… 222

目录 Contents

第一章　我们的时间被偷走了吗

你是不是每天都很忙,但却没有显著的工作效果? 你是不是终日繁忙,但你的老总仍认为你没有尽力? 你是不是经常加班工作,每天很少有时间陪家人?

作为都市人,我们生活在一个忙碌的年代,随着生活的快节奏而不停高速运转。形形色色的责任、工作、约会、消遣或是娱乐使人越来越应接不暇,渐渐忘记了那句至理名言:少即是多。总是脚步匆匆,无法安心品味片刻闲暇;总是忙于奔波,无法打理烦乱的思绪……为什么我们总是处于匆匆忙忙的状态?为什么总是觉得时间不够用?我们的时间到底去哪里了?难道是被谁偷走了吗?

1. 关于时间的有趣数据

我们的时间到底都花在哪里了？在开始谈论这个话题之前，我们先看一些有趣的调查数据。虽然这些数据来自国外，但所描述的生活真相却是接近我们的生活真实的。

从出生开始算起，一个婴儿在一天中的平均爬行距离约为200米。人的指甲在一生中总共能够生长约25米。

生活方面，一个人在一生中平均要吃掉30吨食物，要流将近80升的眼泪，有超过9个月的时间是在马桶上度过的。以一个80岁的人为例，他一生中的睡眠时间至少达23年；一个70岁的人，一生的睡眠时间是19年。我们每个人平均每天要用105分钟吃饭，36分钟洗漱。

工作方面，全国平均每天开170 0000场会议。10个人中有9个人在会议开始的时候做白日梦，60%的会议出席者以作记录显示他（她）在听。企业界的人用笔记本记录下来的事情70%是"不得不做"的；企业界的人用笔记本记录下来的事情5%是"不得不做并且想做"的。

一个人如果工作桌上乱七八糟，他平均每天会为找东西多耗费1.5小时，每周7.5小时。每周5天，每天花5分钟改进自己的工作，在5年里将导致同一个工作被改进1200余次。

家庭方面，女人每天照顾孩子的时间是21分钟，而男人在这方面却只花费9分钟。工作极其繁忙的人与配偶或其他重要人物的有意义的交流平均每天少于2分钟；工作繁忙的人跟自己孩子有意义的交流平均每天少于30秒钟。

学习方面，我们每天的阅读时间大约为半小时（这点似乎不太符合咱们国情）。假如每天自学 1 小时，一年 365 小时，一个人可以像全日制学生一样学习，经过 3~5 年可以成为专家。普通人的平均阅读速度大约是每分钟 200 个词，如果每个工作的人每天坚持阅读 2 小时，其阅读速度将逐步提高到每分钟 400 个词，则每天可以节省出 1 小时用于工作。

一个阅读能力中等的人，每分钟大约能阅读 300 字，如果他每天挤出 15 分钟看书，那么每天能读 4500 字，一个月就是 13.5 万字，一年下来阅读量便可达到 162 万字。书籍的平均篇幅从 6 万字到 15 万字不等，这样算起来，一年就可以阅读 10~25 本书。即便按照最慢的阅读速度，只要长期坚持，一年下来能得到的收获也将是惊人的。

在一个人的所有时间中，20% 的工作时间是"关键性的"、"重要的"，80% 的时间被用在了无意义的事情上。过去 20 年里，工作时间增加了 15%，娱乐闲暇时间减少了 33%。上班族的平均睡觉时间是每晚 6 小时 57 分。

时间还花在哪里了？一般人们每 8 分钟会受到 1 次打扰，每小时大约 7 次，或者说每天 50~60 次。平均每次被打扰的时间大约是 5 分钟，总共每天大约 4 小时，也就是约 50% 的工作时间。其中 80%（约 3 小时）的打扰是没有意义或者极少有价值的。

当然，无论多么精准的统计数据，都无法涵盖各人不同的具体情况。每个人都有自己最想干的事情，都希望以自己的方式安排每天的 24 小时。但还是有一些放之四海而皆准的规律可供我们遵循。

做一件事情实际花费的时间往往比预期的时间要多一倍。如果让你一天只做一件事情，你会花整整一天去做。如果让你一天做两件事情，你也会完成它。如果你让一天做 12 件事情，则会完成 7~8 件事。善于利用时间的人不会把时间花在需要的事情上，而会花在值得的事情上。时间管理当中最有用的词是"不"。花 1 个小时进行计划，行动时会节约 10 小时。80% 的结果来自于 20% 的努力；20% 的结果来自于 80% 的努力。

我们现在拥有的知识，有一半是在近 10 年内产生的。也就是说，世界上的知识在 10 年内增加了一倍，而且据说每 18 个月会再翻一番。

数字往往能够揭露一些出人意料的真相。这些数据令你吃惊了吗？

现在，我们根据自己的生活现状，想一想，我们每天的时间都花在什么地方了？

我在一天中的什么时段精力最充沛、反应最敏锐？

我是否在效率最高的时间内做重要的事？

开始一项工作（如写作业、写报告、读书）时，记录自己中途中断了多少次、每次中断占用多少时间，结果是否令自己吃惊？

每天可供我自己支配、由自己负责的时间有多少？

我平均每天用多少时间为以后的时间计划做出安排？

我每天分别花多少时间与家人、同事、朋友交流？

我每天花多少时间维护自己的健康？

在新的一周工作开始之前，我有没有对工作做出事先安排的习惯？

当别人想占用我的时间，而我又需要做另外的事情的时候，我是否敢于说“不”？

每天到单位后我能否立即投入工作？

我是否故意减少中午的食量，以免在下午打瞌睡？

我是否采取了一些措施，不让无用的资料放在我的书桌上？

我是否在包里携带着文件与书籍，以便于随时阅读处理？

如果有几件事情需要同时做，我如何根据重要、紧急程度分出先后次序？

对于非客户打来的、和工作无关的电话，我是否在时间上进行了控制？

收到送来的材料，我是否先进行快速阅读，再进行详细阅读？

我是否为自己制订了时间安排表，并能坚持下来？

以上只是一些提示，你可以扩展思路，找出日常生活、工作中更多与自己时间有关的数字，然后将它们记录下来。要相信，在这方面花费的每一分钟都会是值得的。

2. 职场穷忙族连声喊累

周一到周五，马不停蹄地忙着打电话、接见客户、处理文件；到了周末，还得继续加班，没法停下歇口气也成了家常便饭……快马加鞭地生活、眉头紧锁地开始工作，在竞争日益激烈的今天，上班族似乎一刻都不能倦怠。每天脚不离地地忙着，超时工作是家常便饭，却不知忙些什么，为什么而忙。甚至有些人迫于生计，或本身技术含量不高，身兼数职，每天疲于奔命。不忙的人似乎是可耻的，电话询问近况，谁都是那句"我在忙"。如今，似乎唯有忙才能显示自我价值。这些称得上是对职场穷忙族生活的典型写照。

熬夜、加班、无暇娱乐、马不停蹄地奔波……这样的忙碌状态，恐怕已让人噤若寒蝉了。若是在这"忙"前面再加一个"穷"字，那无疑会给人暗无天日之感。然而，陷入这种"穷＋忙"状态的人并不在少数，英语中用"Working poor"来形容他们，译成汉语就是"穷忙族"。

据一项由11351人参与的在线调查显示，75%的人自认为是"穷忙族"，12.7%的人表示"不清楚"自己是否为"穷忙族"，只有12.3%的人明确表示自己不是"穷忙族"。

而即便不属于穷忙族的大众上班族，生活状态又是什么样呢？8 小时以内工作，8 小时之外写博文，浏览论坛并发文章，浏览并发微博，玩 QQ，处理邮件，接到或打出家人、朋友的电话，还要看应该看的书，听英语，上网学英语，琢磨 Excel 技巧提高自己的 Office 技能以应对不时之需，除此以外要休息，休闲，娱乐，以及照顾家人。他们照样忙忙碌碌却总理不清头绪，整日没闲着却没见丰功伟绩，他们也难免感到沮丧。

老朋友突然来电。

"最近怎么样？"

"忙呢。"

"忙啥呢？"

"没忙啥。"

"听说你搞了个网站？"

"唉，尽瞎忙。"

相信绝大多数职场人都有过以上模式的开场白。再来看另一个穷忙族尹梦雪的生活现状。

早上 6 点，睡梦中的尹梦雪被闹钟吵醒，她迷迷糊糊地打了个哈欠，稍稍缓缓神后，极不情愿地坐了起来。以前她是一个爱睡懒觉的人，但现在，一年四季她几乎连一个懒觉都睡不上。眼下，她必须赶在 7 点之前将孩子的一切打点好，然后自己匆匆去赶公交上班。她必须在 8 点前赶到商场，开始清点货物，整理柜台，做好营业前的一切准备工作，以免挑剔的老板又给她脸色看。

自从去年孩子出生后，为了居住条件好一点，尹梦雪一家三口在北五环外租了套一居室。房租加上抚养孩子的费用，让夫妻俩压力陡增。前不久，她工作的那家服装店搬到了市中心，她不得不每天清早从五环乘公交往市里赶，晚上8点下班后，又坐公交车从市里辗转回家，一个月只有两天的休息日。跟一些生活舒适的人比起来，尹梦雪心里很不舒服。可是，生活似乎容不得她稍微喘息片刻，就像她自己说的，有时感觉自己像一辆破卡车，来不及保养，来不及刹车，来不及拐弯，就那么声嘶力竭地一直向前冲去、跑去……

尹梦雪的现实情景，基本是在大都市打拼的我们普通上班族的缩影。我们早上必须强迫自己起床，以致网络上诞生了"起床困难户"这一新名词。起床后以最快的速度、最短的时间洗漱、拾掇完毕，然后脚下生风地赶往公交或地铁站。若上班时间在一小时左右，我们会觉得还好，不是太远；如果要花上一个多钟头或两个钟头，也得照样忍受和坚持。

除了主观因素外，我们应该看到，当今市场竞争日趋激烈，企业面临的生存压力非常之大，也是把我们推向忙碌境地的重要原因。现在是市场经济，无论大小企业的生存和发展，都必须依赖市场这个主体。企业要想立于不败之地，就要紧跟时尚，不断地变换角度，赶超时代发展的脉搏，这就迫使员工要做到敢想、敢做、敢试，敢于创造特色，吐故纳新，适应市场要求，遵守市场法则，不断提高自身业务能力和综合素质。

同时，不同员工之间也存在着程度不一的竞争，因为没有人甘愿在竞争中被剔除出局。那么职场人应怎么做呢？利用业余时间抓紧充电，毫不放松地学习，自己哪方面弱就补哪方面，工作上需要掌握哪方面的技能就拼命学习哪方面的技能，不断强化自己，让自己实力越来越强大，从而在职场上居于不败之地。因而，身在职场的我们平常的生活现状是，白天在公司或单位整天不得空闲，晚上回到家后还得抓紧时间看业务书籍、学英语、学习电脑方面的技能等，这还是在没有孩子需要照

第一章 我们的时间被偷走了吗

料的情况下才能做到。对于成家立业的人士而言，必定更是忙上加忙。工作、学习不能放松，家庭也不能不管，对于一部分人来说简直就是分身乏术呀！如此情形，我们不能连声喊忙、喊累吗？

如今，网络时代信息更新换代越来越频繁，产品推陈出新的节奏越来越快，门户网站的新闻是随时更新，手机短信、微博所承载的信息更是爆炸性增长。同一信息，有好几种途径可以传达到用户面前，他当然是选择最快捷的一种，因而在当今商业界，客户对企业服务、反馈时间和速度的要求越来越高。这就要求企业员工要以最快的速度和效率把产品和信息推出，再通过网络等各种方式不断地把改进的产品、信息传达给顾客。公司内部的管理同理，首先是步伐必须跟上市场进程，然后利用网络等高效率手段改进工作的质量。如此一来，身在职场的每个人都只能努力提高自己的工作效率，工作进度只能快不能慢。快节奏、高强度自然不会让职场人有放松、休闲的感觉。

另外一些人忙得一刻不得空闲，则有部分原因在自身。一些职场人，他们简直称得上"时间狂"。

第一类是非常执著于"井井有条"的人。他们总是在不停地列出任务清单，更新清单，并忘记清单。一旦接到某项任务，他们会花费大量时间去做规划，仔细考虑所有的可能性和细节，确保自己在整个过程中万无一失。除非哪怕是最微妙的细节都规划好了，否则他们绝不会采取任何行动。这样的结果很可能是，到最后，计划只是计划，工作压根没开始进行。这种人追求的是那种井井有条的感觉，而不是去具体地完成自己的计划。如果他们今天没有完成计划——那没关系，他们明天可以制订出一套更好的计划。这种人经常过于痴迷规划，以至于经常对眼前发生的变化、新的机会，或者其他人的需要都视而不见。

第二类是那些"做得太多"的人。他们总是在做事，忙个不停，以致根本没有时间去考虑所做的事情是否有价值以及到底有多大价值。

这种人往往比较固执——即便你为他好，只想跟他交流一下如何更好地节约时间，他也很难听取。你不能说他不爱惜时间，恰恰相反，他们称得上是关心时间过度的人。他们从不肯浪费任何时间，结果总是搞得自己和周围的人都非常紧张。你也不能否认他们做事经常很高效，但一旦选错方向也容易造成错误，他们所有的努力都将功亏一篑。由于从不肯停下哪怕一分钟，不懂得让自己放松片刻，这类人在哪儿都会活得很累。

还有一种现象，随着经济的发展，一些经济发达地区的劳动力、土地、原材料、能源等生产要素的价格连续上涨，以致不少企业生产成本持续增高，利润下降，同时也造成企业生存危机不断加剧。压缩人力成本于是成为有些企业为缓解危机而采取的一项应对策略，具体做法便是一人多用。一个人要承担多个岗位的多项工作，既要负责客服，又要搞好接待，还要完成好市场宣传，这让很多职场人终日忙得喘不过气来，几乎除了睡觉以外的时间都贡献给了工作，连一点属于自己的时间都没有。

其实，你完全可以从这种穷忙的状态中摆脱出来。当然，关键在于你自己如何作决定。首先，你应对自己的工作作出简单的价值分析，明白工作除了满足自身的物质需求外，更是表达自我社会意义的一种价值认同。你需要将工作中优先考虑的事情重新排序，达到在工作中追求自我的成就感。其次，在穷与富、忙与闲之间找寻平衡感。两组相反的事物并没有绝对意义上的数字划分。有钱不代表拥有一切，不同的人对钱到底意味着什么、该如何追求金钱的看法都不同，因此，不可以金钱来衡量一切。当然，为了忙而不穷，你必须学会控制消费欲望，积累财富。这需要你具备持久的自制力和耐力，制定一个清晰的认识规划。对于幸福人生、完美生活，大众并没有标准答案，但只要你保持一颗平和乐观的心，具备不断挑战的动力，享受快乐的财富人生并非难事。

3. 时间被超载的信息吞噬

如果说，10 年前的互联网是"你需要一片森林，在网络上却找不到一片树叶"，那么，现在的互联网已经能够做到"你需要一片树叶，网络给你一片森林"。而同时，这也恰恰是目前互联网存在的问题之一。

10 年前人们的困扰是，花大把的时间却找不到自己想要的信息，抱怨没有信息；10 年后人们的困扰是，从网络上的海量信息中做出选择太难，抱怨信息太多。信息匮乏的时代一去不复返了，这看起来是一种福分，但信息多到让我们处于新的困境，穷于应付而无所适从。

在这个信息泛滥的时代，每天都有大量的信息通过手机、网络、电视等各种传统媒体传递到我们的感官，然而其中不少是垃圾短信、垃圾电话、垃圾邮件等垃圾信息。传播途径最快的就是手机和微博，让你无法逃避。再加之掺杂各种动机的广告，使我们无法判断哪些信息需要接受，哪些信息不该理睬。而这种环境下，又因为接触新东西和学习新方法比重复已经知道的东西要容易和有趣得多，就造成我们无意识地接受大量自己并不需要的信息，对过量信息无法消化，从而消耗了自己大量的时间和精力。

随着电脑的使用时间越来越久，硬盘里面的文件越来越多，如果我们不定期清理的话，文件的放置和保存就会越来越乱，到最后造成的结果是：我们经常找不到自己曾经存放的文件。

而我们的生活跟电脑硬盘何其相似？占据我们宝贵、有限的时间的，往往是许多不重要的事情，而我们却丝毫没有发觉。纷繁的信息几乎挤爆了我们的头脑，其实对我们并没有实际价值，除了耗掉我们的大量时间、让我们感到压力与焦虑以外，起不到任何作用。而我们却往往没有意识到这一点，握在手中的鼠标还在继续四处滑动，键盘仍在噼里啪啦地响起，任凭时光从指缝间慢慢溜走。

比如每天上班第一件事是登录 QQ，然后弹出了资讯面板，就算不刻意去看，但无意中瞟到了自己感兴趣的某条新闻，拿着鼠标的手便不由自主地点了上去，打开页面看了起来，然后从该页面上看到相关信息，继续看下去……说是通过 QQ 与客户联络，谈与工作有关的事，实际上免不了跟朋友或其他人闲聊，而且往往一发不可收拾，这样下来，不少宝贵的工作时间便在不知不觉中被消耗掉了。还比如，设计师在网络上搜图片的时候，很容易挑花眼，找着找着就不知道自己要找的是什么了，只觉着什么图都好看。就这样玩一会儿，工作一会儿，上午很快过去了，下午也过去了，然后到了晚上，只好加班……

信息泛滥意味着生命将消耗在无谓的信息冲浪中，没有了静思默想，多了随波逐流；没有了对传统、经典的钻研，只多了浮光掠影的涉猎。人生多了知识和经验，却少了只属于个体的某些体验。在信息海洋的冲击下，人越来越成为"无根"的存在，只能眼睁睁看着时间在无形中消逝，自己却无法有效支配它。因而，网络是一个信息的宝库，同时也是一个信息的垃圾场，学术信息、娱乐信息、经济信息以及各种各样的黄色、暴力信息混杂在一起，使网络成为信息的万花筒。

面对信息的汪洋大海，我们在时间上总对自己心慈手软。原本计划好的事却总不能按期去做，上司交代要完成的任务到下班前却没完成，因为长期奔波出差而对父母、朋友疏于问候、关心，每遇到这些情形，我们都会说出一句同样的话：我没时间。有没有人问过自己：为什么我没有时间？真的忙到了连打一个电话问候亲友的时间也没有吗？每个人每天拥有的都是 24 小时，为什么同样的工作，有些人在规定时间内做得又快又好，而有些人却必须加班加点才能完成？因此我们可以说，这绝不是时间问题，而是一个工作和生活态度的问题。处于苦恼中的你是否明白，让我们被时间所奴役，常常被生活搞得手忙脚乱的罪魁祸首不是别的，而是我们对自己太"心慈手软"。此话怎讲？

好不容易有了一段清闲时间，潜意识告诉自己：工作中用得着的英语专业术语和口语需要提高，趁此时间赶紧听、看；对 Photoshop 技能抓紧练习以熟练、精通些，以免到派上用场时捉襟见肘，眼下正是学习时机。然而一打开电脑，两眼最先看到了视频播放软件，不由自主打开了它，一下看到了窗口显示的是前不久热播的搞笑大片，或是最近正热播的某部红火电视剧，看了个开头呢，发现情节很是引人入胜，要不就先看看吧，自己毕竟不能太落伍，要跟得上潮流，况且学习的时间也不在乎这两三个小时……

或者，受某位成功人物几句话的点醒，明白自己应该多多看书。等琐事忙完了，终于腾出些时间了，内心明白应该马上翻开书去阅读，然而只要有一台可以上网的电脑，我们便很难从网络世界的无形诱惑中拔出身来。我有某个东西需要百度或 Google 一下；朋友说我的 QQ 空间好久没更新了，我要写篇新的日志；看看我微博上的粉丝有没有多出一个两个，有没有人跟我发私信……

因为有网络，我们每天面临的诱惑太多了。而对于诱惑，我们有几个人果断、坚决地说出了"不"呢？于是，我们一次又一次屈服于诱惑，任其肆意践踏属于我们的、原本不多的时间。

同样道理，本来订好了自己的工作计划，同事发出一个请求，碍于情面我们不好拒绝，于是不得不分出时间去做本不属于自己分内的事，使自己的工作不得不往后拖延。晚上本来是打算在家陪家人一起吃饭的，却因为朋友一声招呼，我们不好说"不"，于是去外面推杯换盏直到半夜。

现实已然这样，然而我们总喜欢用一句"我没时间"来为自己开脱。现在你是否明白，该拒绝的时候我们要果断说"不"，自己制订好的计划不应被外来事物轻易干扰，我们要坚持做自己真正该做的、有价值的事。不然，你的时间将总是处于不够用的状态，总是被莫名浪费。

4. 不知不觉中追求越快越好

我们总在抱怨生活太过忙碌与混乱，殊不知其实是我们将自己推入忙乱之中，常常无意识地追求一切越快越好便是表现之一。比如，在超市购物排队时，大家总忍不住着急地在数条结账队伍之间来回走动，将队伍反复比较，企图找出长度最短、人数最少、买的东西也最少的那条队伍。上下班交通高峰时段，开车行驶在拥挤的路面上，总有人不顾危险设法超车，一心想尽快到达目的地。生活的压力不可否认是原因，然而许多人不知不觉中办任何事都追求快却也是事实。讲话快，走路快，吃饭快，完成工作快，总之都要快。公交或地铁站台上很难看到整齐有序的队伍，只要车一来，人们立刻蜂拥而上；或者排队买电影票、快餐等，都毫不例外地希望自己抢得先机，不愿自己多等。我们从不满足于现有的速度与效率，总在不断地寻求更快、更新的方法，并且似乎习惯了这种无处不在的紧张感。

读到这里，你可能会心生疑问：赛韦特博士认为"什么都要比别人快"是不对的，难道我们要颠覆传统，把所有事情都做得比别人慢？我们到底该怎么办呢？

这个问题问得很好！首先，评判的标准并不仅仅是速度。无论是快是慢，速度本身都没有错，错的是把速度快慢看做衡量一切成败的人。因为根据他们的逻辑，"快"就意味着100%的胜利，而"慢"则必然预示着一事无成，所以，想要成功就必须每天24小时持续保持高速状态，在任何场合下都要以最快的速度处理好手上的事情。但他们不知道，正是这种对速度的荒唐的迷信导致了自己的浮躁。

其次，一旦染上了这种"速度病"，我们就会迷失在毫无间隙的忙碌之中，失去清醒的头脑和必要的理智。"速度病"的患者为了准时完成任务总是疲于奔命，恨不得在一个会议结束后就以超音速的速度马上开始另一项案头工作。最终，他们却往往会发现自己越来越力不从心，工作中纰漏百出，这时才后悔莫及："要是我当时多花点时间就好了……"

5. 欲望迫使我们忙碌

为什么我们不得不忙碌不止？谁逼着我们忙碌了？答案是：我们自己。人类制造了一个个忙碌的大漩涡，最终将每个人卷入其中。

都市大街上，到处一片繁忙景象，似乎人人都在忙。生活中挂在人们口头最多的一句话就是"没时间"。而今，衡量一个人富有与否，是不是应该把拥有自由时间的多少加入其中呢？单单以金钱为衡量标准，恐怕已经脱离时代了吧。

为什么总在忙？因为需要解决的各类事情太多。但是，最基本的原因是，人类物欲的膨胀，欲求越来越多，越来越复杂，从而把自己本该拥有的时间给挤没了。金钱、房子、车子、奢侈品，我们拥有的物质越来越多，却感到在时间上的自由越来越少。这么算来，人们并没有真正富有起来，或许反而更加贫穷了。试想，忙碌了一辈子，得到什么了？享受什么了？几乎时刻在仓促、忙碌中往前赶，没办法细细咀嚼生活，失去了本属于人的闲情逸致。

众所周知，紧张的情绪、强大的压力有损于身体健康，那么，为什么我们还不能把奔忙的脚步稍微放松一下呢？紧张的状态和悠闲的状态，孰优孰劣一目了然。如果忙碌后获得了经济回报，用于旅游、休假等放松活动，那也算是对忙碌生活节奏的调节了。

其实，有多少人明白，或者明白也不愿意照做——满足我们的基本日常生活，并不需要那么多的物质。物质太丰裕，反倒可能形成对心灵和精神的束缚。

有这样一个故事：

一个地主对一个农民说，从现在开始到日落之前，这期间你一直朝同一个方向跑，在日落之前回来时，你跑到哪儿就在哪儿插上一跟木桩，木桩范围内的土地全部归你。农民不等听完，立刻撒腿朝着前方跑去，他不停地跑啊跑啊，到日落前他疲惫不堪地回到了地主身边。地主还没来得及问他跑了多远，他扑通一声倒在地上晕了过去。为了能圈到更多的土地，他舍了命一直在跑，中途一口气没歇，终于体力不支倒下了。而且，他就这样永远晕了过去！给他下葬时，一位法师说：其实，人需要的土地只有一口棺材宽而已！

现实生活中，我们虽不至于像故事中的农民那么夸张，然而不停地忙碌却是有目共睹的。因为忙碌，我们忽略了吃饭；因为忙碌，我们忘记了睡觉；因为忙碌，我们不会欣赏日落；因为忙碌，我们忘记了很多本不该被忘记的……其实，因为忙碌，造成最大的损失，就是忘记了回家，忘记了家园。

人有太多的欲望，佛家言：人有贪、嗔、恨、痴。万苦皆由心起。如果我们学会放弃自己的一些欲望，还会过得那么忙碌吗？如果看待世界上的一切能用一种平常心，凡事皆尽力而为，我们会被赶上时间疾驰的列车吗？也许你会说，如果一个人无欲无求，那生活还有什么意思？那反过来想，如果不问该不该、值得不值得，不管是不是属于自己的，我们都一味地去追求，到头来只不过是一种幻想、累赘，那时岂不后悔莫及！

人生需要的不只是得到，更多时候我们需要的是放弃，学会放弃我们才有可能得到更多。因为我们只有学会放弃，放弃那些不适合我们的，不可能得到的，集中我们有限的时间和资源，努力争取属于我们自己的东西，才能获得心灵的安适和属于自己的成功！

6. 时间本身是无辜的

世间最公平的大概只有时间了，时间对每个人来说都是一样，都是每天 24 个小时，它不会因为你身为权贵或者出身富豪而让你比其他人多一个或几个小时，也不会因为你是一个流浪汉而减少你应该享有的一分一秒。

（1）时间是一根橡皮筋，太有弹性

时间，是个很奇怪的东西。它仿佛是一根橡皮筋，被不同的人在不同的场合拉长，又在不同的场合被缩短。左右它长短的，就是人的心灵。

我们常有这种感觉，在灯红酒绿的歌厅，或在旅游途中观赏风景，心情愉悦，总想紧紧抓住时间的尾巴，让它在那一刻定格、停留。然而，它却偏偏加快脚步，从我们的指间悄悄溜走，仿佛只在一夜或者一天，甚至在一首歌、一杯酒、一个游戏后就消失了，剩下我们茫然不知。"哦，时间真快！"我们只能留下一声余兴未尽的感慨。

然而，在另外的时候，时间却像一位老态龙钟的老太婆，步履蹒跚，令人揪心。在候车室、候机厅，在火车上、飞机上，凡是与等待有关的时候，时间总是过得慢悠悠的，一秒钟让我们过起来感觉有一分钟那么漫长，一切都似乎凝固，只有我们来回走动的脚步，显示着不安和仓促。"唉，到底要等到什么时候？"时间不理会我们的无奈，依旧不紧不慢。

对于时间的快慢感受，我们可以找出许多的词语来表达。"子在川上曰：逝者如斯乎？"这是 2000 多年前孔子对时间如流水的由衷感叹。白驹过隙、白云苍狗、日月如梭、光阴似箭、稍纵即逝，说的都是时间飞逝之意。度日如年、岁月悠悠、一日三秋、如隔三秋，则是表示感觉时间过得慢的成语。成语是历史智慧的结晶，由此说明，不管是古代还是现代，人们都深切感受到了时间或快或慢的魔力。

其实，亘古以来，时间的步伐是不会变的，变换的是我们的心情。欢乐幸福的时候，我们希望时间停止脚步；焦急痛苦的时候，我们恨不得时间马上跨越。然而时间既是公平的，更是无情的。它不管人们的心情如何，总是一如既往不快也不慢地过去。这样，愿望不能达成时，人们心中的愿望便与现实产生了差距，时间的快慢感在思想上得以显现：想快者，它偏偏慢吞吞；想慢者，它偏偏快腾腾。

由此，时间便呈现出了一种价值，不同的人们对时间也便有了不同的价值观。对青年人而言，他们的人生才刚开始，时间十分富足，对未来满是憧憬和幻想，所以希望时间快快过去，自己快快长大和成熟，以大施身手，一展抱负。但时间喜欢与他们开玩笑，偏走得慢吞吞，于是他们觉得，理想总是很遥不可及的。渐渐地，他们能够适应时间的慢，以为自己成了拥有无穷尽时间的富翁，他们开始在尽情的享受中挥霍时间，让大好时光在不经意间飞快溜走。

些许年之后，时间的魔力再度显现，青年人已不知不觉成为中年人。当某天突然发现，额上有了皱纹，鬓角添了白发，猛回首才感觉时光的飞逝。于是，又心生对时间的渴望，想尽办法去挽留时间。然而，想要停止时间脚步的愿望，往往越发催促时间匆匆的步履，使人对一切都有种无暇一顾的无奈和沧桑。此时，心中终于不得不有了"少年不努力，老大徒伤悲"的感叹。

第一章 我们的时间被偷走了吗

时间是根橡皮筋，要想它短很容易，你只要不管不顾不去拉它就可以了。但要它变长，却需要一生的努力。不去拉它，我们可以安逸一阵子，但要痛苦大半辈子；去拉它，我们虽然有点累，但却可以延长我们一辈子、几辈子，甚至千秋万代的生命。

　　不朽者就是善于拉长时间的人。

　　（2）自己的时间经常不属于自己

　　计划没完成，该做的没做，我们不禁对时间发出抱怨，但时间本身其实是无辜的。它是宝藏还是垃圾，完全取决于我们自己的主观看法与做法。因此，我们首先要学会的就是找到属于自己的时间。乍听这句话，或许你会觉得奇怪："自己的东西为什么还要费力寻找呢？这不是自相矛盾吗？"但你转换思维细细思考一下就不难发现，我们的时间其实有很多并不属于我们自己，而是被别人、别事偷走了。无论在工作上还是私人生活中，别人都在不断地向我们提出各种各样的请求或要求。而且，因为各种人际关系的复杂化，因为不敢反对上司的安排，因为抹不开面子，我们已经失去了清醒的头脑，失去了对这些外界要求的合理性的分析能力，失去了在适当的时候说"不"的能力。一旦你在别人的心中留下这种印象，他们一有事就自然会来找你——无论大事小事，无论他们是否有时间有能力独立处理，无论这件事是否必须由你处理不可，他们第一个想到的依赖对象都会是你。如此一来，你自己的工作就会被不停地打断，效率自然也会大大降低。这种任由别人支配自己时间的生活，就好比一辆缺少方向盘的车，其危险程度不言而喻。

　　因此，我们应该明白，没有什么能比任人摆布更费时费力的了。你首先要做的一件事就是认清这些请求与要求的真实面目，告诉自己："时间是我自己的！我根本没有必要被别人牵着鼻子走。"只有这样，你才能把丢失了的时间找回来，才能拥有充足的时间与充沛的精力去做自己想做的事，找到忙碌的意义与生活的目标。

第二章
人生的梦想和未来在时间的魔盒里

　　每个人都有自己的梦想,你可以赞叹他人的梦想高远,也可以认为别人的梦想平凡。然而,人生不能没有梦想,梦想是一个人前进的动力。既然称作梦想,便不是眼前的现实,一个人必须通过一定时间的拼搏、积累,然后才能使虚幻的梦想成真。当然,付出努力和汗水后梦想却不开花的情况比比皆是,亦需正视它。这是时间对于梦想和未来的第一重意义。树立梦想后,人们一般都急于实现,这当然是急不来的。然而却可将这种急迫的心情转化为对时间的紧急意识,时刻明白岁月苦短,逝者如斯,然后抓紧一切时间为梦想而行动。

1. 你到底想从生活中得到什么

"你到底从生活中得到了什么？"听上去这不是个新问题了，许多人似乎不假思索便能回答出来。但你敢肯定地说你认真、仔细地考虑过这个问题吗？上天赋予我们每个人最基础、最公平的资源便是时间——我们有生之年的每一分钟、每一小时、每一天、每一年。我们对于人生的梦想，对于未来的目标和追求，都有赖于对这份资源的最大发掘和利用。

上面提出的问题可能够我们许多人思索一阵的。接下来我们要完成第二个问题：你的人生目标是什么？即刻写出自己的人生目标，它将会帮助我们发现自己真正想从生活中得到什么，然后向着目标的方向前进，使自己的人生更加有意义。它会使我们找到生活的方向感，让我们感觉可以控制自己的命运。更重要的是，它还可以为我们提供一个明确的测量手段，使我们可以更好地衡量哪些活动才是真正有意义的。由此我们可以学会更好地平衡生活的方方面面，减少自己在时间分配方面所遇到的冲突。

哈佛大学曾做过一项跟踪调查，对象是一群智商、学历和家庭环境等方面相似的在校学生。调查者发现，在这部分学生中，27%的人根本没有目标；60%的人算得上有目标，但很模糊；10%的人有着清晰但比较短期的目标；仅仅只有3%的人制定了清晰而长远的目标。

接下来的25年，哈佛一直对这群学生进行着跟踪调查。结果似乎并不出乎调查者意料之外。完全没有目标的27%的人，他们一直都不知道自己要的是什么和该干什么，无论生活中还是工作上都很不如意，并且总是怨天尤人。60%目标含糊的人，中规中矩地生活，工作上表现平庸，大多处于社会中下层。10%有短期目标的人，努力地实现着自己的短期目标，成为不同领域里的专业人士，大都进入了社会的中上层。最后3%有长远目标的人，25年间他们朝着一个方向不懈努力，几乎都功成名就，其中不乏行业领袖和社会精英。

无须多言，造成上述不同学生人生命运差异的原因仅在于——步入成年后是否确立了人生的目标，是否知道自己想要什么。由此我们可以知晓，明确的生活目标对人生成功的意义多么重大。

现在我们都来问自己一个问题：我的人生目标是什么？

无论是否清楚地意识到这一点，我们几乎一直在思考自己的人生目标。但思考过后有几人会拿笔把它写下来？有一点我们很少有人意识到：思考人生目标跟把它写到纸上是完全不同的体验。目标若只停留在大脑里，那永远都是模糊的概念——比如"旅行"或"成为一名百万富翁"等。而提笔将它写出来是一个详细、周密思考的过程，这样可以让目标变得更加具体、清晰，从而使自己明白具体应该如何做。

当把反复闪现在自己脑海中的目标写到纸上的时候，我们可以更加仔细地审视这些目标，以全新的视角来看待它。一旦它们有了独立的载体，我们就可以仔细地观察它们，对它们进行分析、修整、改变、更新，或者是重新思考。

除此以外，在边想边写的过程中，我们会发现自己各个目标的不同价值，从中明白哪些是自己真正想做的事，哪些是眼下最应该完成的目标，哪些可以算作长远的目标，等等。虽然我们心里可能有成千上万个想法，但不可能把所有的想法都写出来。这实际是一个不断细化、筛选的过程，在筛选的过程当中，我们无意间就会为自己的人生目标排定次序。

如果你以前从来没有尝试过把自己的人生目标写到纸上，那接下来

第二章　人生的梦想和未来在时间的魔盒里

我们一起开始这件事吧。如果你已经列出了一份目标清单，也可以通过下面的指导来对自己的清单进行优化。

第一步，拿出几张纸，一支签字笔，一只带有秒针的手表或时钟，为自己设定时间15分钟。在纸的最上端写下问题：我的人生目标到底是什么？

好了，接下来你可以用两分钟时间列出这辈子你想做的任何事。无论短期的、长期的，小的、大的目标，只要是在你脑海里出现的，关于自己、家庭、社会、职业、财务、社区以及精神层面的目标，你都可以迅速写下来。在两分钟时间里写下尽可能多的字。在这一阶段，你并不需要对自己写下的目标负责，所以你可以尽量写出自己当时想到的所有目标。

第二步，我们对目标进行分类。按照时间的长短和目标的内容可以分出不同的类别。依据时间长短可分为长期目标、中期目标、短期目标；根据目标的内容可分为家庭目标、健康目标、工作目标、财务目标、人际关系目标、学习成长目标、娱乐目标、公益目标等。

对于那些看起来离自己很遥远的目标，比如说登上珠穆朗玛峰、参加一场野性派对、和某个非常心仪的明星来个亲密接触、休假一年、等有钱了带父母去五星级饭店、每天慢跑一小时，把体重减掉30斤……你要知道，异想天开本身并不是一件错事。某些时候，天上也会掉馅饼并把你砸中。

接下来对目标进行规划。一般总有不止一个目标等着我们去完成。每天的时间都是固定的、有限的，有的人能渐渐向目标靠近，越做越好，而有的人却只能原地踏步，为什么有这种分别？原因在于你是否认真、仔细地规划了自己的目标。

将目标分为重点的和次要的，把精力集中在最重要的事情上，而不会把精力浪费在不重要的事情上。规划好后，对自己列出的目标逐一进行修改、调整。你要分清哪些称得上是你的抱负，哪些算是目标。抱负一般是超出你能力和控制范围的事情，人生目标则是，如果你愿意投入精力去做，那么迟早能达到。因此，现在问问自己：我这一生真正想要的是什么？什么是我真正想去完成的事情？对于哪些事，如果突然发现自己不再有足够的时间去完成的时候，我会后悔不已？这些便是你的目标，把每个这样的目标用一句话写下来。如果其中任何目标只是达到另外一个目标的关键步骤，把它从清单中去掉，因为他不是你的人生目标。

第三步，为每个目标设定时间框架。比如一年计划、五年计划、十年计划等。因为受年龄、健康、经济状况等实际因素限制，其中一些目标可能不得不先被搁置一段时期。这一步的具体做法和步骤如下：

（1）把每个人生目标单独列出来，分别写在一张白纸的顶端。

（2）分析一下你要完成这个目标所需要但是目前你又不具备的资源，将这些写在每个目标下面。这些资源可能是人脉资源、某种职业生涯的改变、必须具备的某种核心技能等。任何一个你在第二步里面被遗漏的关键步骤，都可以在这一步中补上。如果大目标下面还有子目标，也可以补上，以保证你的每一步都能制定出精确的行动。

（3）针对上一步列出的每一项，写下你要完成它所需要做出的行动。这个可以是一个检查清单，也可以是完成你的目标的所有确切的步骤。

（4）检查你在本步骤第二步里面所制定的时间框架，在每一张目标表上写下你所要完成目标的确切年份。对于那些没有确定年限的目标，考虑你计划在哪一年完成并以此做为期限。

（5）检查整个时间框架，为你所需要完成的每一小步，写下你所需要完成的现实时间。

（6）现在检查你的整个人生目标，然后分别定出你本周、本月和

第二章 人生的梦想和未来在时间的魔盒里

23

本年的时间规划表，即为了完成既定目标，你得清楚眼下你该如何行动。

（7）把所有的目标完成节点都标在总体时间进度表上，这样你对所有要实现的目标就能做出确定的时间安排了。到年终岁尾，回顾你在这一年的所作所为，总结哪些目标已经彻底完成或部分完成，哪些是在新的一年必须完成的。

然而，生活毕竟不能由我们自己完全掌握。有些目标我们计划好是短期内要达到的，比如一年内计划收入要达到 5 万元，两年内要做到中层管理者的职位，但因为自己努力不够或受到其他种种因素限制时，我们不妨暂缓自己的脚步，对计划进行调整，等待时机的到来。

计划是死的，而人是活的，生活更可能是瞬息万变的。可能你必须付出很多年的时间煎熬才能完成一次职位提升，在那之前你必须找一份兼职，以保证自己能够获得足够的钱去上完在职课程，或拿到 MBA 学位，但最终你会达到你的目标。不仅要计划好得到什么，更要计划好如何才能得到，在得到之前必须完成哪些步骤，这才称得上是完善、可行的计划。

2. 每个人的潜在能量都是惊人的

在我们青春年少的时候，脑海中总充斥着五彩斑斓的梦，其中梦想得最多的是成为大明星，当上企业高管，成为体育健将，当一名高级翻译……那时头脑中似乎已经浮现出了未来生活的画面。然而，多年以后，当现实排山倒海地横在我们面前，我们不由得感叹：梦想越来越离我远去！为什么曾经灿烂的梦想如此经不起时间的踩踏而迅速凋零呢？

实际上，相比于大多碌碌无为之辈，仍有一部分人达到了成功的彼岸，让自己的梦想盛开。关键在于，这小部分极其出色的人，他们在时间上发挥出了自己最大的潜能。下面要讲述的故事，虽然不全关乎时间，但从中你能感受到个人潜在能量的惊人。

日本札幌曾发生了一件事，震惊了所有人。一个4岁的小男孩，不小心从家中八楼掉了下来。男孩的妈妈小山美真子当时正好回家走到楼下，看到自己的孩子正从空中坠落，立即飞奔过去，赶在孩子落地之前，把他抱在了怀里。

这一消息经《读卖新闻》报道之后，引起日本盛冈俱乐部的法籍田径教练布雷默的质疑。因为根据报上刊出的示意图，他发现，楼高约二十五六米，这位妈妈当时站在离楼房20米开外的距离。若要接住正在坠落的孩子，她必须跑出不低于每秒9.65米的速度。而这一速度，在当时的日本，即使成绩最好的田径运动员都难以达到。

布雷默想，如果《读卖新闻》没有搞错的话，那么小山美真子必定是个运动天才。为了验证自己的猜测，同时也为了见一见这位了不起的母亲，从她口中确认奇迹是否真实，他决定拜访一下小山美真子。两人的见面地点被安排在一家茶艺馆里。当记者把小山美真子带到布雷默面前，说这就是他要见的人时，布雷默惊愕得几乎全身血液都凝固了！站在他面前的，不是一个身材高挑、肌肉健硕的人，而仅仅是一位身高不足一米六、体型纤弱的少妇。

这样一位弱女子真能跑出每秒9.65米的速度吗？从布雷默执教20余年的经验看，是绝对不可能的。然而，当他看到小山美真子手中牵着那个可爱的孩子，以及母子二人之间亲昵的劲头时，他彻底打消了"不可能"的猜疑。从眼前母子二人的身上，他感觉到了一种无比强大的爱的力量，这种力量催逼着他，他承认自己错了。事后，布雷默在回忆录中写道:"当时,我甚至觉得自己有点卑鄙。我怎能怀疑一个心中充满爱的人,不会创造奇迹呢?"

布雷默见过美真子后,离开日本回到法国,在巴黎成立了一家以小山美真子第一个法文字母命名的田径俱乐部。后来,他手下的一位名叫沃勒的运动员在世界田径锦标赛上夺得了500米赛的冠军。记者采访时问他,作为一名新手如何做到从众多强劲对手中脱颖而出。沃勒回答:每个人体内都有一万台发动机,这次我打开了一万台发动机。

你的心理包含着双重潜在的巨大能量:下意识能力和意识能力。一个是决不酣睡的巨人,它是下意识心理。一个是正在酣睡的巨人,一旦醒了,它的潜在能量是无限的,这个巨人通称为有意识心理。当两者和谐地作用于一个人时,人就能影响、应用、控制和协调所有已知和未知的力量。在生活中,一旦你的这种潜在能量被点醒,让你焕发出对生命的无比热情,让你有了追求更高目标、为实现过上更好生活而努力的驱动力,那么,你还会是个对时间麻木,动不动就感叹生活无聊的人吗?定然不会。一旦你的这种能量源被触动,那么你恨不得在生活的每一分每一秒里爆发出来。

从一些励志大师的课程里,我们经常可以听到一句话:没有绝对的不可能。当一个重大的改变或事件发生之前,许多人都会说,这个不可能。美国肯尼迪总统在任时,矢志把人类送上月球。但是,在阿姆斯特朗登上月球之前,有人相信人类有一天会站在月球上吗?

从时间的角度来说也是如此。举个例子来说,当年徐特立已经43岁,却依然决定赴法勤工俭学。到了法国后,他异常发奋,惜时如金,并且信心十足,在不到一年的时间里就初步精通了法语,去工厂做工等都不存在语言障碍。徐特立仅用不到一年的时间,就做成了我们花费十几年也没做成的事,达到了我们无法想象的地步。事实证明,我们经常没做成某件事，没达到某个目标，完全不是没有时间的缘故。

现在让我们好好想一想你到底要获得什么呢？爱情、健康、朋友、金钱、他人的认可、安宁的心态？或者，你想通过努力，让这个世界变得更美好，更值得人存在？那么，你需要唤醒你心中酣睡的巨人，它有能力使你的愿望变成现实。你想成为什么样的人？说出来，你真的会成为那样的人。唤醒你心中酣睡的巨人！怎样唤醒？思考。用积极的心态进行思考。

3. 一小时的价值只在于利用到的几分钟而已

"时间就在钟表的刻度上"——这是典型的"钟表时间主义"观念。依据这种想法，时间是单调、固定和机械性的东西，完全由物理学的法则所支配。这个时候，时间当然没有伸缩。但是，钟表时间主义其实只是一半的真理、相对性的事实罢了。钟表时间是没有生命的，但是充分利用的时间却是有生命的。能否感受到这个生命，或是否能重视时间的生命，对人生的充实有很大的不同。在未成熟的状态时妄想成果就会导致失败。到了时机成熟时，就如同成熟的水果自然掉落和种子发芽一般，做任何事都能顺利。但是，失掉了这个机遇，水果就会腐坏而不能食用，或成为小鸟、虫类的食物了。

由此我们可以感受到，时间是有伸缩性的。常常可以听到有人感叹"岁月如梭，一年不觉又尽了"。对于步入中年的人来说，随着年岁的增加，现在的一年，感觉比过去的一年过得快多了。

事实上，时间不单只是点或线，它是有厚度、宽度，甚至有密度的。归结出一个简单的道理是：一个小时没有 60 分钟。事实上，一个小时内只有你利用到的那几分钟而已。左右时间厚度、宽度和密度的，是你的生活是否充实。如果充实，那么你的一个小时每分钟都被很好地利用着；相反，一个小时里你真正利用到的就只有那几分钟。

在一天的所有时间中，你浪费了多少？如果你真想知道，不妨来做一个实验。首先，你找一个记事本，把每一天划分成3个8小时的区域，然后再把每个小时划成60分钟的小格。以一星期为单位，你随时把每天所做的事情记录在表格中，等一周过去，你回头来检查你的记事本，你会发现，由于拖延和管理不良，你浪费了多少宝贵的光阴。

当你初步发现自己对待时间的疏漏之后，将上述记录行为延续做一周。这一次提前花些心思计划一下时间，把应该做及想要做的事妥当安排进你的时间表，等一周记录完后，再稍作分析，看你的效率是否有所改善。从中你是否明白了一个道理？时间是你唯一可以卖给他人或自己的东西，你对时间的利用率越高，你越可以靠它卖得好价钱。

以上所说的不过是粗略的步骤。要想拥有更多的时间，你就要少做一些事情，尽量利用好那最有价值的"几分钟"。教给你的办法是，同时做两件事：列一张简要的"要做事务清单"，列一张"不要做事务清单"。

或许你自己也不清楚自己要或不要做什么，那么你可以根据以下提供的假设情境进行自问自答。

（1）如果你患有某种先天性的重大疾病，每天只能工作两小时，你会做什么？

你不能像正常人那样朝九晚五上下班，也不能加班到12点，甚至连平常人工作时间的一半也不到——只有两小时。这不是谁给你设的终点，而是现实让你不得不遵守的底线。真是太好笑了，这根本不可能！99%的人估计都会认为这太危言耸听。但是，假如你不遵医嘱，每日像平常人一样工作，每晚只睡4小时，那你只能活几个月时间，你会相信吗？也许不会。咱们换一种假设，经历心脏搭桥手术之后，医生警告过你，如果出院后的头 3 个月里，你不把工作量缩减到每天两小时，那么生命很快将不属于你。这时你会怎么做？

（2）如果你的脑袋被一把枪顶着，你被迫要求放弃耗掉你工作总时间 4/5 的工作，你会选择去掉哪些部分？

要在工作中做到简洁就要做到不留情。电子邮件、电话、谈话、批阅文件、会议、广告、接待客户、供货商洽谈、客服，等等，这些便是占据了你绝大部分工作时间的工作。停止做其中哪些部分可以最大程度地保证收入不受影响？你不妨每个月有选择地停止做其中几样工作，前提是不妨碍正常的工作进行和收入减少。尝试几回后，相信你会有所心得。

（3）生活中平常做得最多、占用你时间最多，并让你最有成就感的事情是哪 3 件？

一般当某些令人不舒服的事情到达面前时，我们会拿这些事作为挡箭牌而对其拖延。实际上令人不舒服的事有可能是更重要的，重要的行动可能会遭遇失败或者被拒绝。老实说，我们每个人都做过这种事情，想一想，平常你喜欢在哪些事情上磨蹭并搪塞自己呢？

（4）问自己："如果这件事是我今天唯一完成的事情，我对今天满意吗？"

在没想清楚轻重主次之前，不要在办公桌或你的私人电脑前坐下。否则你的一天很可能在查看无聊的电子邮件和脑筋一片混乱中度过。今晚睡觉之前想好明天要做的事情，有必要的话拿笔在记事本上列出来。规定每天必须完成的重要事情永远不要超过两件。这很重要。即使所有事情都非常重要，你照样能分出个轻重缓急。如果身陷一大堆看上去都很重要的事情里面，逐一认真考虑每件事，然后问自己："如果这是我今天唯一完成的事情，我会对今天满意吗？"为了避开那些表面上紧急的事情，你可以问自己："如果我今天不做这件事，会造成什么后果？它值得我推迟其他事情来做它吗？"

花点时间，认真思考上面每一个问题，给出自己的答案。完成这个过程后，你会深刻地明白，时间真正发挥价值的地方，对你的人生造成根本影响的地方，就在于你创造了价值的那几分钟。所以，对于不懂得珍惜和利用时间的人而言，一个小时实际没有60分钟。

4. 时间越珍惜越多， 越浪费越少

"活的时间"是不能以钟表来度量的。随着生活方式的不同，管理者的时间可以延伸或缩短。如果管理者的人生是充实的，那么他的时间也就充满深度和密度。

居里夫人新婚时，他的父亲见女儿女婿的家中实在太过简陋，日子太清苦，看着不忍心，便打算为他们添置一套豪华家具。居里夫人拒绝了，因为她考虑到豪华家具需要天天清洁、维护，而她没有这个工夫，她的时间要全用在实验室里。为了不致经常有客人到家来闲谈，除了夫妻二人所用的椅子以外，他们再没有添置第三把椅子。

从这个小故事中，我们看到居里夫人对时间的极端珍惜简直达到了不近人情的地步。她不愿为家中添置一把椅子，更不希望来了客人闲聊起来没完没了，不愿将生命中的哪怕一丁点时间花在与工作无关的事情上，哪怕是用来打扫椅子的那点滴时间。正是对时间的这种苛刻才成就了她的事业和梦想。正因为她坚持做时间的主宰，对一分一秒都极其珍惜，把时间和精力完全放在所从事的事业上，最终居里夫人成功地发现了镭。

由此可见，一个人如果可以做到把握、珍惜好每一点儿时间，那么这个人便拥有了世界上最多的财富与最大的成功。"一寸光阴一寸金，寸金难买寸光阴"，将这寸寸光阴累积起来，就会形成千座万座金山。如此一算，我们便大可不必向别人抱怨自己贫穷、财富少了，因为生活中往往是我们让属于自己的财富溜走了。

　　生活中按照普通人的平均水平计算，一分钟大概可以读一个好的小语段3遍，而3分钟后，我们便可以将这个知识财富收入囊中。然而，我们通常是发呆一分钟，四处张望一分钟，最后再抱怨一分钟。同样的3分钟，有人收获到了自己的财富，而有人则将3分钟的财富白白浪费。我们能成为富翁还是穷光蛋，就是从生命中一个个不起眼的分分秒秒开始区分的。

　　哈佛大学图书馆的墙壁上贴着各种激励人的训言，其中一则是这样写的："You must run fast if you even don't take a pace."翻译成中文是：如果今天不走，那么明天你必须跑。这句话的要旨在于，倡导年轻人每天都应该有所进步。当下生活节奏日益加快，你身边的其他人都在向前奔跑，如果你止步不前，就会远远地被人甩在后面，那么明天你就不得不使出全身解数，以加倍的速度去全力追赶。因为时间紧迫，我们想做许多事却总找不出充裕的时间去实现，所以一些好想法无从实行。从现在起，做个有心人，每天留出一些时间来充实自己，哪怕仅仅是一小时、半小时，只要经年累月地坚持下来，最终你会发现，你已提升到了一个令人称奇的地步。

　　美国曾有一位希腊籍电梯维修工，名叫尼古拉。他工作的同时对现代科学非常感兴趣，并愿意投入时间钻研。每天下班后到晚饭前，他大约有一小时空余时间，他便坚持用来攻读核物理学方面的书籍。知识的积累逐渐增多，某天突然一个念头闪现在他脑海里，很快一个重要的发明诞生了。这就是尼古拉提出的新型粒子加速器计划。这种新型加速器比当时市面上其他所有同类产品制造成本低，而且更强有力。他向美国原子能委员会递交了自己的构想方案，提出以试验加以验证。几经改进之后，他发明的加速器在全美得到普及使用，为美国节省了7000万美元。尼古拉的收获则是，得到了一万美元奖励，被加州大学放射实验室聘请为首席技术人员。

由此可见，珍惜时间，生活总会给你一定的回报。不过，如何做到惜时也需讲究一些方法。

伟大的发明家爱迪生，一生共有2000余种发明，如电灯、留声机、电影机、电报机等，其中许多发明颠覆性地改进了人类的生活方式，为人类节省了时间，对人类做出了不可磨灭的贡献。"人生太短暂了，最大的浪费莫过于浪费时间。我们要多想办法，用极少的时间办更多的事情。"爱迪生常对助手说。

一天，爱迪生和助手在实验室里工作。他吩咐助手测量出一个空玻璃灯泡的容量，灯泡是没上口的。他交代完继续埋头工作。好半天过去，他问助手："灯泡容量是多少？"却没听见任何回答。他抬起头，只见助手捏着一把软尺，正在上下比划、测量灯泡的直径、斜度等，边测量边在纸上写写算算。他见状摇了摇头，走到助手身边，拿起灯泡，向里面注满水，交给助手，说："把里面的水倒在量杯里，马上告诉我结果。"助手很快告诉了他准确的数字。爱迪生跟助手说："做任何事情之前都应该动动脑筋，找到正确而节省时间的方法，才能提高效率。像你那样岂不是白白浪费时间吗？"助手听完不觉脸红了。

太过珍惜时间、追求时间效率是否会让人疲惫不堪呢？当然不会。紧迫感与紧张感是不完全相同的。我们惜时，但我们并不胁迫自己时时刻刻去挤压时间，而是合理地安排时间，有条理地利用时间，不作无谓的放弃，不让自己感到空虚。如果真像有些人认为的那样，时间可以无限制地挤压的话，那么人的生命反而会缩短，人得不到休息或没有良好的心境工作的话，又怎么会有更多的时间，更高的效率呢？所以，惜时还有一个最大化效率的问题，不仅要利用时间，更要有效地利用。

当然，要做到争分夺秒是痛苦的，你必须时时跟自己的惰性作战。强迫自己从舒服、慵懒的状态中走出来并不容易，要长期保持清醒的认知也不是件容易事。而且并非你珍惜了、抓紧了，时间就能创造相应的效果。很可能你坚忍地做到珍惜时间一个时期后，却没有得到自己意想中的收获。那时你会感觉到无奈。不过，在尝到时间给予的特殊照顾之后，你会发现，原来生命是可以这样延长的，时光原本就是让人用来竞争的。

5. 宝贵的上进心让闲暇时间增值

上帝是公平的，不管是谁，一天永远只能有 24 小时，你可以过得很从容，你也可以把自己弄得手忙脚乱，"没有时间"绝对不是借口，那是你自己的选择。正所谓："有效的时间管理，就是一种追求改变和学习的过程。"

如果你善于安排时间，你可以去听音乐会、看表演，既完成了工作，还可以做自己想做的事。对待时间的第一个原则应当是：对每一件事都予以尊重，包括休闲。心情是可以创造的，时间是可以掌握的，善于安排时间的人，永远不会喊"忙"，因为他知道自己要什么，不要什么。

古今中外的许多名人都非常注重闲暇时间的价值，也非常善于计划

第二章 人生的梦想和未来在时间的魔盒里

闲暇时间。放到今天，他们的所作所为仍十分值得我们借鉴。宋朝大学者欧阳修平日公务繁忙，是极其看重时间之人。他的《归田录》（卷二）中曾记述了跟他同时的一些学者极善抓紧闲暇时间的事情：

钱惟演虽然生长在富贵之家，却没有什么嗜好。在西京洛阳的时候，钱惟演曾对属僚说："平生唯独爱好读书，坐着就读先秦百家著作、史书，躺着则读各种杂记，如厕的时候读词典、小令，从未有片刻把书放下过。"谢绛也说："和宋公垂同住在史院的时候，他每次如厕一定带上书，读书之声，清脆响亮，远近都能听见。好学竟到了如此地步。"欧阳修可能是受钱惟演的影响，因此也对谢绛说："我平生所作文章，多半在'三上'，即马上、枕上、厕上完成。只有那样才便于我好好构思。"

我们没必要效仿古人，毕竟经常在上厕所、吃饭时看书对健康没有好处，躺着看书有损视力，但他们对待时间丝毫不放松的那种精神状态，是我们应该学习的。

美国著名作家杰克·伦敦，在他的房间，有一种独一无二的装饰品，那就是在墙壁、床头、窗帘、衣橱、镜子等处贴满了各色各样的小纸条。这些小纸条上记录的，也许是作家灵思一动，突然想到的精妙词汇和语句，也许是在某个地方看到精彩的词语，于是抄录于上，等等。杰克·伦敦非常偏爱这些纸条，几乎和它们形影不离。

杰克·伦敦从来都不愿让时间白白地从眼皮底下溜过去。晚上睡觉前，他默念着贴在床头的小纸条；第二天早晨一觉醒来，他一边穿衣，一边读着墙上的小纸条；刮脸时，镜子边的小纸条进入了他的视线；在屋外散步时，他随时能发现启动创作灵感的语汇和资料。在家里是这样，外出的时候，他也决不轻易放过闲暇的一分一秒。出门前他早已把小纸条装在衣袋里，以便随时掏出来看一看，想一想。

每个人都平等地拥有 24 小时，表面看似乎是这样，事实却不然。那些大政治家、画家、音乐巨匠、文豪，比如凯撒大帝、达·芬奇、莱布尼兹、歌德、莎士比亚，他们在一天 24 小时当中经手完成的工作，无论从质或量上说，都是超乎一般人想象的。我们普通人一天 24 小时过去，很难留下鲜明的痕迹。

"音乐神童"莫扎特一生只活了短短的 35 岁，却创作了超过 600 首的旷世之作，为人世留下了宝贵的精神财富。相较之下，其他活了 70 年、80 年的平庸音乐家却无一部好的作品传世。据实际使用效果看，莫扎特一天的每一分、每一秒比起其他平庸的音乐家，就不止是一分一秒。两类人在所拥有的时间上明显不平等。

再看一个我们在生活中的经典例子：

上下班高峰期挤在公共汽车或地铁里，不同的人表现各异。后排座上一个显得十分疲惫的人，埋头把玩手中的手机，看电子书，浏览新闻或看视频；前排座位上，有位看似是做生意的人，悠闲地假寐着；另有一位握着扶手的男子，正专心地阅读一本书。对这 3 类人来说，钟表时间当然一定是不断流失的。但是，流过 3 个人的心和身体的时间，其所演化的作用却不同。

十分疲惫的男子，好不容易才能坐下来玩儿一会儿手机当做一天的放松，头脑是真空的，什么也不想思考，只期望能早点到达目的地。但是，离目的地仍很远，感觉车的速度慢得到了无法忍耐的地步。对他而言，他的"时间"比"钟表时间"要长得多，他的时间是"痛苦"的。相对地，那位坐着睡觉的男子，睡眠是他最美妙的时候，头和身体都享受着休息。原本只打算小睡片刻，但睁眼一看已到了自己要下的车站了，他的时间如箭般一飞而过。第三位男子完全投入到这本书的世界里去了。窗外的景色、周围的噪音或人声，完全没有干扰他，他陶醉在书本中，他的时间是陶醉人的。

　　由上例可见，时间对任何人都是不同且不平等的。甚至同一个人，其生活时间也有很大差异，有气无力地混过一天和充满精力地工作、运动，比较起来优劣明了。时间是由一分一秒构成的，三五分钟、十几分钟的闲暇时间或许在当时看来很不起眼。泡一杯咖啡，5分钟时间过去了；靠在椅子或桌上随便打个盹，15分钟很快便没了……然而如果你不忽视这些"零布头"时间，用心利用每一分钟的的话，你的人生很可能是另外一番模样。时间是生命赋予你的最大财富，亦能为你创造财富，无论精神还是物质的。反过来照样成立，我们生活中最珍贵的财富便是——利用时间。

6. 最珍贵的财富是利用时间

　　在瑞士，每名婴儿在降生之后，医院会立即通过计算机户籍网络给他（她）编号，并将此婴儿的姓名、性别、出生时间、家庭住址等信息统统输入户籍卡中。户籍卡的格式是统一的，对于刚出生的婴儿和成年人没有区别，上面附有一个财产状况栏。

　　有一位黑客，十分羡慕瑞士的社会福利待遇，所以想让自己刚出生的孩子加入瑞士籍。他通过国际互联网侵入到瑞士的户籍网络，按照户籍卡要求逐一填好了相关表格。在填写财产栏时，他随便敲入了3.6万瑞士法郎，并沾沾自喜，暗自庆幸自己从此有了一个"瑞士儿子"。

　　谁知不出3天，黑客的所作所为便露出了马脚。一位家庭主妇在为自己的孩子注册户口时，不经意间发现前一位婴儿的财产栏目中填写了

3.6万瑞士法郎。她感到十分奇怪，因为几乎所有的瑞士人在为自己的初生婴儿填写所拥有的财产时，写的都是"时间"。他们认为，对于一个孩子，尤其是一个刚出生的婴儿来说，所拥有的财富只能是时间，而不会是其他别的东西。

这位黑客未曾料到，向来是电脑高手的他会在这个细节上败露了。与其说黑客败在填写的随意上，倒不如说他是失败在对时间和金钱的价值观念上。

瑞士人对财富的看法，确实有独到之处。一个人来到世间，最大的财富是什么？瑞士人非常明白，最大的财富是一个人的生命，而生命是以时间来计算的。大作家巴尔扎克也说："从个人角度看，一个人拥有最大的财富就是自己的时间。"

时间是最宝贵的财富，若没有时间，计划再好，目标再高，能力再强，也是空的。时间是有伸缩性的——它可以一瞬即逝，也可以发挥最大的效力。在工业史上，经常会发生这样的事情：仅仅是一天甚至一时之差，便导致了一个企业的巨大成功和另一企业的倒闭破产。

电话的发明人贝尔，在研制电话机的过程中，他并不知道在世界上的某个地方，有一个名叫格雷的人也在做着同样的努力。就在贝尔去专利局申请专利成功后大约两小时，格雷匆匆赶到专利局。结果自然很遗憾：仅仅因为比贝尔晚了一两个小时，他失去了本可拥有的一切——成功、名誉和金钱。

日本人对待时间的严谨、苛刻更是让人叹为观止。

20世纪90年代初，中国辽宁青年参观团去日本出席一个会议。出国前团长准备了厚厚一叠发言稿，可到达后，日方接待人员递上一份时间表，上面写着"中方发言时间：10点17分20秒至18分20秒"，将发言时间仅限制在一分钟。国人对此感到太不可思议，而这就是日本的现状。日本人不论从事哪个行业，时间观念都非常强。他们考核岗位工人称不称职的基本标准，就是在保证质量的前提下单位时间的劳动量，时间精确到秒。

国土狭小、资源贫乏，二战中整个国家遭受重创，然而战后不过短短几十年时间，日本却从战争的废墟上迅速恢复元气并跻身世界强者之林，这种奇迹的创造与事例中所体现出的日本人对时间的极其重视不无关联。

时间，对于我们每个人来说都是非常有限而极为宝贵的，蹉跎岁月不亚于慢性自杀。一个事业上有所建树的人，他们总是分秒必争，把心思专注于自己的事业，从而实现在时间上的增值，对于一个国家亦如此。

7. 不要让明天为今天埋单

一寸光阴一寸金，寸金难买寸光阴。这是几乎人尽皆知的一句中国古话。而在大洋彼岸，关于前世界首富比尔·盖茨的一个小故事，则对这句古训作出了更为生动的注解。据纽约大学经济学教授伍尔夫统计，截至 2005 年盖茨的个人净资产已经超过美国 40% 最贫穷人口的所有房产、退休金及投资的财富总和。该年 1 月到 6 月，他的资产增加了 160 亿美元，算起来每秒收入达 2500 美元。也就是说，花费 5 秒弯腰去捡起地上 1 万美元的一张支票，对盖茨而言也是一种时间上的损失。

人的一生，不过是一个持续地投入、支出与结算的过程。国门刚开放的时候，媒体报道中常将中美两国人的消费观念加以比较：美国人喜欢提前消费，他们先借款买房子，然后分期付款慢慢还，在房子里住了几十年后，贷款才终于还清。中国人却是喜欢储蓄，一般非要等先存够钱，才决定买房子，结果穷其一生积蓄，终于拥有了自己的房子，却悲哀地发现自己能住在里面的时间已不多了。同样的支出，生存的现状和质量却如此不同。不同的投入，回报自然也不一样。

爱因斯坦发明了伟大的能量守恒定律 $E = MC^2$，揭示了能量等于质量乘以速度的平方。其实，我们也可以将时间运用的原理套用在这个公式上，E 为一个人所能发出的能量（或说取得的成功），M 为能力或智商水平，C 为付出的努力，其中包括善于使用时间。那么我可以说，不同的人在能力或智商上的差别不是很大，可把 M 看做常数；一个人所能发出的能量（或说取得的成功），就取决于努力的程度（C），就是说跟时间紧密相关。

创造性地利用时间就是胜利。竞赛中讲求以快取胜，搏击中讲究以快击慢，军事上强调先下手为强，商战已从"大鱼吃小鱼"变为"快鱼吃慢鱼"。跆拳道要求心快、眼快、手快；中华武学虽各门各派林立，百法有百解，唯快无解。大而慢等于弱，小而快便是强，大而快王中王！快就是机会，快就是效率，快就是瞬间的"大"，无数的瞬间构成长久的"强"。

无论哪种竞争，其实质都是——在最快的时间内做出最好的东西。人生最大的成功，就是在最短的时间内达成最多的目标。一个人的天分、智商、能力自出生时便基本定型，而时间永远是变量。即便智商一流的人，如果他不在时间的范畴内，不好好利用时间，也不可能成为杰出天才。另一方面，我们快，对手可以做到更快，所以我们还是慢。盛田昭夫说："如果你每天落后别人半步，一年后就是一百八十三步，十年后即是十万八千里。"

非洲的茫茫大草原上，早晨晨光划破夜空的刹那，羚羊从睡梦中惊醒了，狮子也几乎在同时醒了过来。"我要赶快跑。"这是羚羊的第一念头，"如果慢了一步，我就可能被狮子吃掉！"于是，马上腾起前腿，向着太阳飞奔而去。"我要赶快跑，"狮子也在第一时间想，"如果慢了一秒，我就可能会饿死！"于是，撒开腿像一道劲风，向着太阳奔腾去。谁快谁就赢，谁快谁生存——简单而残酷的生存法则。一个是自然界的森林之王，一个是软弱的食草羚羊，二者实力悬殊，但决定它们生死的却是同一个因素——时间。时间才是最无情的杀手。

在竞技赛场上，冠军与亚军的区别，有时小到仅凭肉眼或直观无法识别。比如短跑，第一名与第二名有时相差仅0.01秒；又比如赛马，速度第二的马与获胜的马在距离上相差仅半个马鼻子长（约几厘米）……但是在荣誉、财富、地位、声望等方面，亚军与冠军却是天壤之别。观众的目光只会聚焦在第一名的身上。唯有冠军才是真正的成功者。第一名后面的，都是输家。时间的"量"是不会变的，但"质"却不同，关键时刻一秒岂止值万金！

时间不可以缺少；时间不可以替代；时间不可以储存；时间不可以增减。纵然如此，时间还可以管理。

有一句名言"时间待人是平等的，但时间在每个人手里的价值却不同"，说的就是"时间管理"。达尔文理论的捍卫者，英国生物学家赫胥黎说得非常形象："时间最不偏私，给任何人都是24小时；时间也最偏私，给任何人都不是24小时。"懒惰、拖沓，虚度美好年华，闲白了少年头，是不在意管理自己的时间。没有科学管理时间的方法和技巧，低效率重复劳动，最终成效浅薄，甚至像拉磨的小毛驴般累死磨旁，是不懂得管理时间。

时间的马车一刻不停地呼啸而过，不知不觉间我们的额头就会留下岁月的道道辙印。纵使我们无法使时光倒流，也不能使时光放缓脚步，我们却可以控制它的流向。通过时间管理，我们让时光流向更有意义的地方。

第三章　偷走时间的七大"神偷"

　　每一天都有太多的事情要忙，很少有时间去做自己想做的事情；每一天都稍纵即逝，到头来往往一事无成，该完成的任务却依然没有头绪；每一天愁眉苦脸地工作，让恐惧和焦虑时刻萦绕心头。为什么时间总是不够用？到底是谁偷走了我的时间？请看——偷走时间的七大"神偷"。

1. 缺乏对时间的信念

汽车大王亨利·福特曾经说过，时间"如同一只贪玩的猫，它迎合你，却又把你的日子像舔一杯牛奶一样，慢慢地舔食干净"。富兰克林也有一句名言："成功与失败的分水岭可以用这么 5 个字表达——我没有时间。"时间就像风，只要运用得当，便会把我们带向每一个目标。所以，不要说"我很忙，我没有时间"，也别再问"我的时间去哪里了"，答案只有一个——我们自己把时间丢弃了，我们缺乏对时间的深刻观念。

先看生活中两类人的不同表现吧。

一名中学老师，白天要给几个班学生上课，非常忙碌。晚上下班回家后要做饭、整理家务，还要照料孩子并辅导孩子学习。除此以外，她还必须抓紧晚上的时间备课和批改作业。等孩子睡去，一切事物料理停当，她就坐在电脑旁，抓紧一天中仅属于自己的一丁点儿时间来完成自己的爱好——写作。她每天坚持写作大约一小时左右，因为时间紧，白天稍有空隙她就在心中打腹稿，到晚上便总能写出一篇千字文来。

另外一种人，也是上班族。看看他每天都做了什么呢？早上6：50起床，出门后吃早餐，到公司上午上班，接着吃午饭、午休，然后下午上班一直到下班，到家后吃晚饭，之后上网聊天、泡论坛或玩游戏。周末呢？他睡懒觉、玩游戏、踢球、逛超市、相亲……没有读书、没有学习、没有写东西，他就这么浑浑噩噩地虚度时光。他明白计划的重要性，总是在行动之前把每天要做的事做出详细的规划，并将行动计划表打印出来。然而，计划表贴在床头后他却再也不看一眼，成了被打入冷宫的嫔妃。看着朋友、同事都在进步，他只能反问自己：为什么会这样？为什么我会在茫然失措中虚度光阴？为什么我会在浑浑噩噩中随波逐流？为什么我总是没有时间呢？

造成两类人在时间上完全不同的感受和结果的，到底是什么呢？是信念。事实上我们不得不承认，往往越是忙碌的人，越能挤出时间用于工作或学习，而整天游手好闲的人才总是觉得自己没有时间。

下面再让我们看看那名老师和那位上班族及同事小谢的例子：

老师在她工作繁忙却仍挤出时间写作的那段日子，她非常渴望放假。她心想，等放假了就有大把大把的时间属于自己，都可以用来写作，那样自己可以写出多少作品来啊。后来终于放假了，她有了全天候写作的机会。她是不是真的写出了很多作品呢？结果是，她半个月都没有写一篇文章。不可能！有了大把时间反而不写作？事实的确如此。因为没有紧张的工作压力，早上醒来后，她不会像往常那样立马翻身下床，而是放纵自己赖会儿床，在床上翻翻喜欢的书，直到 9 点多才起来。之后收拾收拾房间，辅导孩子做作业，接着该做午饭了。12 点吃过饭，便想睡午觉，结果一觉睡到下午三四点。洗洗衣服、拖拖地等，在这些琐事上磨蹭磨蹭，转眼又到了准备晚饭的时间。或者午睡醒来，接到朋友一起出外玩或锻炼身体的邀请，回来时已接近晚上 10 点。这时候她才想起，这一天什么都没有做啊。于是她打开电脑，点开网页，看看感兴趣的新闻，很快她就开始犯困了，便想迅速躺到床上美美睡去。这样下来，一天过去了，她竟然一个字没写。剩下的时间周而复始，在反复的懊悔和自我原谅中，老师的假期很快过完了。

而另一名上班族，他有一个要好的朋友小谢。小谢跟他同时步入职场，跟他一样工作两年有余。他两年下来原地踏步，一无所获。而小谢

第三章　偷走时间的七大『神偷』

呢？考取了律师资格证，取得了英语托福考试高分，工作上被评为先进工作者。同时，他还悄悄报考了公务员，虽然结果名落孙山。两相比较，小谢对于时间上严格把握、积极上进的学习态度不言自明。时间如水，珍惜时，少如牙膏也挤得出来，不珍惜时浩如江河也不属于自己。

事实证明，没完成某个目标，没做成原计划的某些事，没有成为自己想要成为的人……当我们常常将自己的这些逊色表现的原因归结为没有时间时，那是错误的。能够有所成的人，无论是普通的职场成功者，还是享誉全国乃至世界的要人，他们从不会抱怨时间不够。他们的信念永远是：时间总是对是，错的是自己；时间总是有的，抓不住的是我们。

李嘉诚说过，人和人的区别在于每天的业余时间。他少年岁辍学，之后再没进过学堂，却成为能说得一口流利英语的、学识渊博的人。他是怎么做到的？就是靠抓紧利用每天的业余时间。在茶楼打工时，才14岁的他每天却必须工作15个小时以上。工作强度大，休息少，难得的闲暇时间里同事们打麻将以放松身体，他却捧着词典认真地学习、背诵。有时李嘉诚因为学得入神完全忘记了时间，以至于等他想合眼休息片刻时，却发现已经到了第二天上班的时间。

身为商界巨擘的他能够以一口流利的英语进行商业谈判。而他熟练的英语口语也是全靠业余时间自学达到的，没有时间可以供他专门学习英语，也没有老师教他。因此，李嘉诚跟人说："人家是在求学，而我是在抢学问。"一个"抢"字说明了一切。

上帝是公平的，给每个人的时间都一样多，你没有成功是因为没有时间，那你的时间是谁抢去了呢？你有没有想过，是你自己亲手扔掉了时间！大数学家华罗庚曾写过一首诗自勉："发白才知道耍呆，埋头苦干向未来，勤能补拙是良训，一分辛苦一分才。"能取得巨大成就的数学家自然是智力超群的，但他仍旧认定"勤能补拙"是极其质朴的真道理。那么，用什么去补"拙"？当然是勤奋，勤奋的一个重要表现就是抓紧时间，惜时如金地孜孜追求，一切杰出成就的取得莫不归因于此。

2. 行动缺少计划性

"凡事预则立，不预则废。"这是我们在初中时便已熟读的古人警句。预者，计划也。古代人早就一针见血地指出了计划的重要性，凡事只有做好了计划才能取得满意的效果，否则就可能导致失败。工作的计划性不仅会使我们一天的生活过得有序，更会使我们的一生有所作为。

计划并不是对个人的一种束缚与管制，必须做什么或不应该做什么并不是由计划决定的。在制订计划的过程中，其实就是一个自我完善的过程，所以，对于计划一要定坚持，并坚信会实现它。

一位成功人士曾这样介绍他的经验："你应该在一天开始有效的工作流程之前，制订一个计划，仅需 20 分钟就能制造出几个小时的高效工作流程。有无计划性是衡量一个人工作有无效率的重要标准之一。"工作计划好比一张交通图，它能使工作和项目以最简洁有效的方式完成，即使工作计划没有被列成条条框框，至少也要在脑子里形成一种印象。只不过这种计划比较粗糙和模糊而已。

很多普通职场族的意识中都存在一个时间管理误区，那就是，工作计划是管理者考虑的事，自己作为一个小员工，平常负责的都是那些琐碎而又不起眼的工作，根本不值得费脑筋去做计划。在某个新闻报道中曾看到一名食品配送司机说过的一句话："老板每天上车的第一件事就是让秘书告诉他这一天的计划，而我只须按照老板说的去做就行了！"

不要以为自己的工作不重要就不去做计划，计划能让我们的工作感觉到明显的进步，虽然有时进步是微乎其微的，有时可能几天的计划都是一模一样，但是许多优秀的成功经验告诉我们，认真地做一份计划不但不会约束我们，还可以让我们的工作做得更好。

同许多其他重要的事情一样，执行计划并不是一件简单容易的事情。但如果你实现了制订的计划就一定会成为所在工作领域中的佼佼者。

美国总统罗斯福是一个注重计划的人。他时时把他所要做的事都记下来，然后拟订一个计划表，规定自己在某时间内做某事。如此，他便按时做各项事。从上午9点钟与夫人在白宫草坪上散步起，至晚上招待客人吃饭为止，整整一天他总是有事做的。当该睡觉的时候，因为该做的事都做了，所以他能完全丢弃心中的一切忧虑和思考，放心地去睡觉。细心计划自己的工作，这是罗斯福之所以办事有效率的秘诀。每当一项工作来临时，他便先计划需要多少时间，然后安插在他的日程表里。因为能够把重要的事很早地安插在他的办事程序表里，所以他才能把许多事在预定的时间之内做完。

众所周知，罗斯福是美国历史上极其伟大和极受美国人民爱戴的总统之一，并成为美国历史上唯一实现连任4届总统的人，还曾赢得美国民众长达7周的高支持率，创下历史纪录。由此可见，身体残疾的罗斯福之所以能做到连健全人也做不到的事，主要跟他的人生富有计划性和目标性紧密相关。

有人或许会说，芸芸众生，有几人能成为罗斯福呢？没错，伟人不是随便哪一个人都能做的。但，即便做不了伟人，我们也可以努力让自己成为更好、更优秀的人吧？在一些人抱怨、感叹的同时，生活中的另一些人正抓紧时间做自己的事。

在复旦大学，管理人员的时间观念普遍非常浓厚。他们一般以 10 年为限对工作进行规划，然后准确规划到年，接下来规划到具体月份，进一步具体到日，最后精确到上午和下午。同时根据形势的改变，对计划进行小范围内的调整。

有一位老教授就是严格遵守时间的人。他每天从早上工作到下午 6 点，晚上出去散步 20～30 分钟，回来以后写第二天的工作安排。他说，他每天的工作量是一般老师的 3 倍左右，他却比他们更悠闲。而其他人大部分不外乎两种表现，第一种是做事没有计划性，晚上回想时，发现这一天几乎啥都没干好；另外一种就是选择太多，所以太忙，例如今天想做这个，明天还想做那个，总是觉得属于自己的东西太多，其实属于自己的东西很少，选择少一些，才能够活得更充实。

将教授和我们大多数人的行为稍微对比一下，就可明了制订计划对一个人生活的重要影响和必要性。那么，制订计划到底有哪些作用呢？

第一，详细、周全的计划有助于了解自身工作和项目的有关事项，使自己和团队形成流畅的工作流程，避免部分任务完成后接着是盲目、不知所措，有助于提高工作效率。

第二，制订好计划，将次重要或暂时不重要的工作安排在内，避免因工作计划不周全，造成各流程之间的相互牵制。工作计划不必弄得那么复杂和繁琐，只要自己能明白就行，关键是要具有可操作性。你可以把所要做的事情排出一个顺序，拟订一个程序表，尽力按着程序表去做。如果你的工作只需一小时做完，便在一小时之内完成它，其余的时间去玩乐放松。本来只要一小时的事，而拖延到一天才做完，实在是愚蠢。如果你的事太多，而时间不够，则选择最重要的做好，把不重要的删去。

总而言之，制订适合自己的计划是前提，有了计划并在实际中执行，让行动清晰、有条理，这是时间管理的重要思路。行动有计划性，做事有条理，从长远来看，是人生规划的必经步骤；从微观方面来说，则应做到日常生活有规律、时间安排有计划；而在自我意识层面上，则是通过条理化以达到对时间的管理。

3. 时间拖延症

上午可以做完的事拖到下午，下午能够完成的事非要等到晚上做；今天该做的事没做，告诉自己等明天吧；这个月计划好的目标没达到，安慰自己还有下个月呢……我们中的大多数人并非不明白光阴的可贵，可不自觉的拖延习惯和行为依然害我们不浅，经常让我们自责而又无奈。

首先我们看一个典型的时间拖延症的事例：

张三是某企业经理部门经理。周一早晨上班的路上，他在心中盘算并决定，到达办公室立即着手草拟下年度的部门预算。9点整他很准时地走进办公室。当他打开电脑，再慢腾腾打开一个空白文档时，突然感觉办公桌太乱了，不如先将办公桌以及整个办公室整理一下，以便创造一个干净与舒适的环境，让大家都有份愉悦的心情。经过半小时的认真清理，他达到了使办公环境井然有序的目的。虽然未能按原定计划于9点钟开始工作，但他认为花费30分钟打扫卫生很值得，这不但已获得显然可见的成就，而且有利于以后工作效率的提高。

他面露得意和愉悦之色，正准备在电脑前坐下开始工作。此时，目光一斜他瞥见旁边报纸上的彩色图片十分吸引人，于是情不自禁地拿起报纸翻阅起来。等他浏览完并把报纸放回报架，时间已是10点钟了。这时他为自己未能抓紧时间稍感痛惜，然而他很善于自我宽慰。他心想，搞卫生是为大家谋福利，算做好事；报纸上有最新信息和动态，也是沟通媒体的手段，自己身为部门主管怎能忽视它？何况上午没看报的话，下午或晚上总要抽出时间看。一番自我说服之后，他终于心安。接着他正襟危坐地准备埋头工作。

他刚刚坐下，电话铃就响了，是一位顾客的投诉电话。他又是解释又是赔罪地说了约20分钟，才让对方的怨气渐渐平息下来。挂掉电话，他起身去洗手间。返回办公室途中，在走廊上他闻到了咖啡的香味。探身进屋一看，原来另一部门的同事正在享受"上午茶"，他们邀他加入。他心里想，预算的草拟是一件颇费心思的工作，若以眼前这种状态肯定做不出好的效果，不如先来杯咖啡提提神。于是他毫不犹豫地应邀加入，陪一群人言不由衷地闲聊了一阵。回到自己办公室后，他果然感到精神奕奕，这下他决定开始全心致力于工作。可是，一看表，乖乖，10点3刻！距离11点的部门联席会议只剩下15分钟。他想，反正在这么点时间里干不了什么事，不如干脆把草拟预算的工作留待明天。

像张三这样的管理者并非个案，他们都难以摆脱拖延的恶习，总认为明日之后还有明日，对于要做的事意识里是清楚的，就是没有行动，最终导致的是一事无成。

不仅仅在管理者之中，普通员工的拖延症表现也不逊色。比如，一项任务本来5天之内便可以完成，但一些员工在离最后期限还有15天的时候一点不着急，直到最后只剩5天了才手忙脚乱起来。明明知道那么多事情堆在眼前：要去书店调研，要跟作者打电话，要仔细查看相关行业网站，要发邮件……内心是焦急不安的，却继续边咬着手指甲，边跟自己说，再等一会儿，就一下下……于是，天黑了又白，除了心情愈加沮丧外，该处理的事情仍在那里不见减少丝毫。在工作或学习上立下目标无数，动力却是奇缺。只要打开网页，便漫无目的地浏览各色小说和帖子，或玩游戏，或看电影、电视剧、娱乐节目，就是不情愿看书或仔细阅读跟工作有关的行业网站，即便被安排了某项作业或任务，也只在最后期限的前一晚才会被迫着手行动起来。

另一方面，每个人有着各自的兴趣偏好，都喜欢做自己感兴趣的事，也容易被自己感兴趣的事物吸引。越是年轻人，这种偏好表现得越明显。工作中正在搜索相关资料，突然被一篇精彩的小文章或故事吸引，于是暂且搁置工作，入迷地读了下去。如果有几件事摆在面前任由选择，我们往往会选择自己感兴趣的事先做，而忽略了对其他紧迫和重要事情的考虑。这些情不自禁的行为方式，常常使我们掉进陷阱，把该办的事情拖延下去，造成了工作上的被动。

那么多人喜欢拖延，那么拖延是不是能带来什么好处呢？它能带来的好处是当下的、短暂的。例如，最后期限一过，紧绷的神经会倏地松下来，整个人体会到放松的感受，这种感受让一部分人很享受。而且有时候，拖延的结果反而是得到意外的收获。比如有位本科学生，老师布置了一次实验报告，他拖到最后。拖延期间他和其他同学多次讨论，参考并吸收了他们的优秀观点，结果他比那些独自提前完成的同学获得了老师更多的肯定。因为类似情况的存在，这类拖延者会在心里觉得，是拖延让自己比他人做得更出色。也因此，他们在潜意识中会更加觉得，若自己花费了很多时间成绩却平平，那是非常丢脸的事情。而拖延时间后才赶上，即使结果不好，也可以安慰自己，那是因为我没有尽全力，如果我真正努力，做得肯定比其他人都好。这一切的一切便一次次强化了拖延。

形成拖延的浅层原因是，认为事情太难，太耗时间，自己缺乏相关知识与技能，同时害怕别人知道自己做不好。深层原因则可从以下几方面进行分析。

首先是完美主义心理作怪。要求所有事情都要达到比较完美的程度，极其在意细节，希望一次做好，所以不愿匆匆开始，要万事俱备才肯动手。俗话说，物极必反，太过追求完美并非好事。对这种心理如何适当加以克服呢？对自己说现在的状态就已经很好，不要苛求自己和他人，尽快开始。每有一点进展都鼓励自己。意识到一点错误都不犯是不可能的。历史上伟大的作家、诗人、艺术家的杰作大多是断断续续完成的，何况完美凡人呢？

其次是来自潜意识的抵制。因为跟上司闹了矛盾，或者认为上司的安排不合理，或者觉得这件事并无太大去做的必要，所以执行时积极性当然不高。

再次归根于容易颓废。因为事情不是近在眼前，感觉不到它的紧迫性和重要性，那么眼前能轻松一刻是一刻。毕竟需要动脑子还需要花费精力的事多少有些不受人欢迎。或者开始做了，但做到一定程度发现厌倦了，不能忍受持续做同一件事情，那么，等明天再做吧。往往到了第二天，心里还是不乐意去做，又继续往后推。

清楚了原因所在，就是朝着克服拖延习惯的方向迈出了第一步。除了以上所分析的几点之外，每个人或许还有自己独有的原因，那么不妨找准自己的不足所在，然后与时间拖延症决裂。

4. 工作时不投入，玩时惦记工作

工作时不能全神贯注，思想经常开小差，该完成的任务没有抓紧完成。玩的时候又没法完全投入地去玩，想到某件工作上的事没做好，比如所负责项目的宣传文案还有待推敲，因而玩得不尽兴。那么，我们的人生何时才会快乐呢？

佛教里有个禅宗的小故事是这样的：

一名弟子问慧海师父："什么是修行？"慧海师父说："饥餐困眠。"意思就是说，该吃饭时吃饭，该睡觉时睡觉。弟子不明白，接着问："我是饿了就吃、困了就睡呀，可为什么我没有感觉自己在修行？"慧海说："世人在吃饭的时候，通常都不肯好好吃饭，心中想着这个那个，百般计较；睡觉时也没有好好睡觉，梦里还东想西想，千般思索。他们吃饭时没有好好吃饭，睡觉时做不到好好睡觉，所以都不是修行。"

故事里的师父说的不过是平常易懂的话语，传达的却是深刻的道理。在现实中，不少人在上班的时候盼着快下班，下班时又想着工作的事情，不是吗？

有一位职场女性，跟先生一起创办事业，属于职场女强人类型。同时她也不忘顾家，平常非常关心孩子，上班时总担心孩子的状况，常常打电话到幼儿园问孩子怎么样了，次数多了后，幼儿园老师公认她是"神经妈妈"。她自己也感觉这样不太好，却控制不了自己。

然而下班后回到家里，她又对孩子很没耐心，常忍不住厉声喝骂，让已经很乖巧的孩子泪水汪汪，孩子自然觉得她是一个暴躁的母亲。并且她常跟先生抱怨公司同事，指责周围人的各种不是。最终她先生受不了了，给她提出建议：看来你是工作压力太大，那么找个地方去散散心，休息一下吧。碰巧她的大学同学正邀人组团到美国旅行，于是她跟着去了。

远在异国游山玩水并没有让她放松下来，她照样每天打长途电话回家，问孩子、问老公，关心他们吃饭没、过得好不好，因时差缘故她甚至在三更半夜打电话问公司的运行情况。她连玩都如此心不在焉，心没有跟着情境走，以致跟她一起玩的朋友都不知道如何劝说她。

旅游行程本来是两周，刚过完一个星期她就待不下去了，因为太担心家人，她要提前回家。老公和孩子看到她忽然出现在家门口，满脸惊异。"我一直牵挂着你们。"她放下行李，上前热烈的拥抱家人。然而，这种温馨仅止于当时的片刻。第二天走进公司上班，她又习惯性地打电话给先生，说幼儿园一直没人接电话，她很担心小孩……先生忍不住质问她："你老是白白担心，你的担心对孩子有益处吗？你不知道你离开家时，我们相处得多好多快乐！"

这一下她才顿悟。原来，担心是一种既伤害自己又对别人无益的心灵毒药，是我们送给别人最烂的礼物。自己老是神经紧张、慌乱不堪，所爱的人不但没有感受到关怀的温暖，反而还被自己的坏情绪所影响。

就如中国谚语所说"人在曹营心在汉"，人在此心却在彼，结果眼前的事没有做好，对彼处也鞭长莫及。而时间，就在这种不停地纠结与分神中飞逝而过。拿得起，放得下，遇到某种坎时我们会这么说。真正懂得放下的哲学，才能创造工作、感情和家庭等各方面的融洽局面。适时放下，是时间管理的一种必备技巧。

5. 被无聊占据心灵

同事小李有次上网，竟然陆续有 3 个人给他发了同一句话："我现在很无聊。"无聊，或许是我们对生活、对时间最经常的感受。人生在世，对我们普通人来说，最难忍的也许不是疾病，也不是贫穷，而是"无聊"二字。无论上班时还是下班后，无论节假日还是工作日，"无聊"二字总是不经意间从我们嘴里说出，而自己似乎还未意识到。

为什么我们都会觉得无聊呢？也许因为一段紧张的忙碌后，身心突然闲下来了，心里没了着落。生活中真的没事可做么？也不是的，只要愿意找，总是有应该或值得做的事，只是不想做罢了。拿起一本书，发现曾经对它强烈的阅读欲望没有了，翻了几页却读不进去。想写点什么，平时想说的许多话这会儿不知跑哪去了，脑子里干净得像真空一样。打开电视，要么是令人厌恶的广告，要么是翻来覆去报道的新闻，电视剧就那几种，都提不起看下去的兴趣。随手翻开一本杂志，眼睛却盯着茶几上的烟灰缸想今天的午饭吃什么。或者想给谁打个电话，打开电话本却不知打给谁好，也不知自己想说什么。随手翻开短信，发现都是些无聊的玩笑，自己干笑两声后接着茫然。那么，打开电脑上网吧，不管是谁随便找个人聊聊，结果发现，只不过是一群同样无聊的人互相分享彼此的无聊，更增添了空虚感而已。还是玩游戏吧，一道关卡屡次没法跨过，只得一次次重来，没劲。好吧，既然无法赶走，那只好任无聊盘踞心头。

生活中，我们经常会有上面描述的状态和感受。无聊的时候还有很多，晚上失眠，身体困乏却怎么也睡不着的时候，一个人干睁着两眼等待天明。因为无聊，你不想照镜子，也懒得打理头发，吃饭也随便凑合。有时无聊至极，你甚至去数地上的蚂蚁，傻想着把这些蚂蚁全捉起来炖汤会是什么味道。或者你正在无聊，看到一群人围着一张布告议论纷纷，你不由自主地凑上去。或者你漫无目的地钻进商场去，却不知道或想不起自己要买什么，于是这边瞧瞧，那边逛逛，不知不觉中两三个小时被打发过去了。

无聊让人心烦意乱，让人心灰意冷，让人意志消沉，让人食之无味。按道理，如今生活条件大为改善，无论物质还是精神生活都得到了极大丰富，大彩电全天上百个频道轮流播放节目，上网聊天、看新闻、读小说、玩游戏，实在不喜欢这些的话，还可以看书。但是，为什么反而会有那么多人感觉无聊呢？

　　有人把无聊形容为一种杀人于无形的慢性病。哲学家帕斯卡尔把无聊描述成地狱，对人性中的"无聊"有过细致入微的洞察："无聊说的是，一个人对于确实不堪忍受的事莫过于以完全无视的态度待之，表现为没有激情，也无所用心，不想消遣，无所事事。这种时候，人会感到自己的虚无、沦落、无力、无能、空洞，他的灵魂深处会泛出无聊、阴沉、悲哀、忧伤、烦恼乃至绝望的情愫。"

　　有一个禅宗故事是这样的：

　　一个人死后，他往阎罗殿走去。半路上他看见了一座金碧辉煌的宫殿。宫殿的主人热情邀请他留下来住在这里。这个人说："我在人间辛辛苦苦地忙碌了一辈子，我现在只想痛快地吃饭和睡觉，再也不想工作。"宫殿主人答道："那便是了。世界上再也没有第二个地方比我这里更适合你居住了。我这里有各种山珍海味，有舒适的床铺。而且，保证不让你动手做任何事情。"这个人听罢欣喜地答应了，就在宫殿住了下来。起初的日子，他整日吃了睡，睡了吃，感觉好不快哉。渐渐地，空虚和无聊开始朝他袭来。他来到宫殿主人面前，烦恼地说："每天除了吃便是睡，这种日子过久了我发现也没意思，还把我养得脑满肠肥。我不想这样下去了，你能不能给我安排一份工作做？"宫殿的主人答道："抱歉，我们这里从来就不曾有过工作。"又过了几个月，这个人实在忍不住了，又去见宫殿主人："如果你不让我工作，我宁愿下地狱去也不愿待在这里。"宫殿的主人冷笑一下："你以为这里是天堂吗？这里本来就是地狱啊！"

无聊是人生的地狱。如此简单的一句话，却能够直指人心。故事里的主角明明住在悠闲自在的大宫殿里，本该无忧无虑地享受生活，最后无聊却让他感受到的只有痛苦。这可谓是对无聊的本来面目的最好揭示。而一些思想名家的言论，或许能让你从理性的角度来理解无聊这样一种生活状态。

关于无聊，周国平先生有过这样的论述："孩子或者像孩子一样单纯的人，他们目的意识淡薄，对于过程和目的浑然不分，因而能够随遇而安，即事起兴，完全沉浸在过程中，不易感到无聊。商人或者像商人一样精明的人，每一项行动都有着非常明确、实际的目的，并且严密规划行事过程。目的与过程丝丝相扣，需要分秒必争，因而他们也能做到聚精会神，不易感到无聊。剩下的大部分，便是如你我般的常人，既失去了孩子的单纯，又不具备商人的精明，具备目的意识却并不强烈也不明确、实际，有所追求但目标不是太渺茫就是短浅。用一句话总结就是："我想要，但不知道自己究竟要什么。"恰是这种心境，为无聊的滋生提供了温床。

当一个人心中弥漫着空虚，像一片轻雾般无所不在又挥之不去，对生命中已有的提不起兴趣，对没有得到的激不起追求的热望，那么他只好无聊。有人经常感叹时光易逝、岁月难留，回想自己走过的路，发现想做的事都没做成，于是生出无限悲哀。想立刻行动做些什么，却头绪茫然，不知从何下手，接着又堕入了无聊之中。而另外一些人，则称得上无事生非。他们工作很轻闲，家庭生活堪称完满，日复一日的安逸生活让他们感觉太过千篇一律，于是取代珍惜、享受的心境，他们竟也对生活发出无聊的感慨了。所以有人说道，人之所以无聊，是因为欲望的太多。当一个人没有任何欲望而又渴望有欲望时，无聊感便产生了。

很多的时候我们感觉无事可做，只能看着时间一分一秒地流逝，将日历一页一页地掀过，而自己却一直浑浑噩噩。大部分人都是凡人，难以抗击无聊。生活中或工作上没有什么大事，主要的任务就是做好本职工作，以求获得一份薪水，满足养家糊口的要求。除此之外便是吃喝拉撒、邻里亲戚之间的你来我往等可大可小的事。"消磨时光"在英文中说法是"kill the time"，想必西方人对无聊早已深有感触。

这种无以言表的无聊似乎从生命之初便频繁地光顾我们。年幼的时候，上课盼着下课；长大后，上班时盼着下班，工作日盼着周末。每天撕下蓝色的日历纸，期待红色的日历纸；撕掉红色的日历纸，期待下一张蓝色的日历纸。时间就这样在期待与失望中一点点地消逝，我们的手心里却空空如也，什么也没有留下，生命中许多本该有的美丽都错过了。其实，我们可以将自己的生活过得更丰富、精彩，如果深入、用心地去发掘时间本质的话。至少，专注于一项自己感兴趣的事物，可以让人的心灵变得无比丰富。我们常常感叹无聊，从根本上说，是没有弄清楚自己到底想做什么，自己真正想要过什么样的生活，想成为什么样的人。这些才是生命存在的本质，生活的意义不仅仅是谋生。缺失了那些本质的奠基，生活就会被无聊变得苍白。

我们可以寂寞，可以孤独，可以好酒，可以喜色，就是不要让无聊长时间占据你的心灵。虽说人人都会有无聊的时候，无聊也是人生中不可缺失的一种生命感受，但比起玩物丧志来，无聊更能毁灭一个人的精神。帕斯卡尔说："人的本质在于运动，安谧宁静就是死亡。"人最不堪忍受的就是空虚和无聊。当一个人无所事事、无所用心时，他就会感到自己的虚无，从他的灵魂深处会出现阴沉、悲哀、忧伤、绝望的情绪。无论无聊怎样努力地往外冒出头，我们都应使劲抑制它。寻找新的目标，怀抱新的梦想，开始新的旅程，追求新的希望，这才是抵抗无聊的良方妙计。

人生不可能平静得像一潭死水，不管是痛苦还是快乐，只要它是真实和强烈的，就是我们生活中的一部分。有泪水，我们才会去珍惜难能可贵的幸福；有奋斗，我们才能细细品味成功的喜悦；有生命的起伏，我们才会在人生的跌宕中感受生命的力量与坚强。有无聊，才有从无聊中走出后的欣喜与成功感。

6. 欲望的陷阱太多

欲望，是一个经常出现在书面文字中，也经常被一些人挂在口头的词汇。因整个社会环境的沾染，这个原本中性的词，在某些情境下被赋予了消极的色彩。七情六欲，人皆有之。人的欲望总是难以满足的，所以汉语中有了"欲壑难填"的成语。我们总是在不断追求更高层次的生活享受，更安全、更多的休闲娱乐，更优越的身份和社会地位。但让人困惑的是，生活品质的不断提升、物质的不断丰富并没有让人们的幸福感同步提升。20世纪50年代的德国已步入发达国家行列，德国某民意调查研究所就对德国公众的总体幸福感进行了民意调查。在过去的几十年里，认为自己很幸福的德国人在总人口中所占的比重保持恒定，为总人口的30%。如果拿当时的生活水平与现在的生活水平相比较的话，这的确让人难以置信。

看看我们生活的周围，到处充满诱惑，欲望的膨胀在人们身上体现得越来越明显。热衷追名逐利，吃要山珍海味，穿要高档名牌，住要乡间别墅，行要宝马香车，现代人心里充塞着种种欲望和奢求，以致行为经常被欲望所支配。贫穷时想变得富有，平常身份时想当官，当了小官后想当大官……在欲望的支配下，人为了权力、地位、金钱或其他，不择手段地钻营。为了过上所谓人上人的、富足的生活，即使自己身心疲惫，也要硬着头皮往前冲，在无奈中透支着体力、精力与生命。如此一来，即便每天多给他一两个小时，他的时间仍然不够用。

一个住在海边的渔夫，每天辛苦出海打鱼，然后将捕获的鱼拿到市场上卖掉。之后他坐在海滩边休息，眺望着一望无际的大海。一位游客感到好奇，问他："你为什么不继续出海打更多的鱼呢？"渔夫反问："打到更多的鱼能怎样？"游客说："那样你每天不就可以赚到更多钱了吗？"渔夫问："钱多了又怎样？"游客开导他说："如果你每天持续不停地打鱼的话，不出一年赚来的钱就够你买辆摩托，两年后你就可以买一条渔船，然后你可以买渔轮，建冷库，开一家罐头加工厂，开着直升机去找鱼群，最后开一家活鱼饭店。"游客说这些话的同时，两眼闪烁着兴奋的光芒。渔夫只是接着问："再然后会怎样呢？"游客说："然后你就什么也不用做，整天逍遥自在地坐在海滩上眺望美丽的大海就可以了。"渔夫平静地说："现在我已经在这样做了。"

工作时间越少，生活越简朴，你拥有的时间就越多。对于当今总是匆匆忙忙的都市上班族来说，这个建议或许非常有益，也可能根本无关紧要。但是，注意到自己今天所拥有的时间财富，并掌握如何合理地利用这笔财富却是每一个处于匆忙中的人应该学会的。

太多的欲望只会加重心灵的负累，让人失去心灵的自由，并将所有时间都奉献于对欲望的效劳中。于是，欲望掌控了时间，我们成为欲望与时间的双重奴隶。

如果不为纷繁欲望所役使的话，我们原本可以创造清净与安宁的生存空间，现在却全部被欲望所挤占，人不知不觉间变成了纯粹的欲望动物，陷入越来越强的烦恼与不安以及对时间的无力感之中。

人性中的欲望固然不可以完全消除，但我们仍可以像园丁修剪树枝一样果断修理它，对其进行控制。毕竟作为人类，我们不论在对待外物还是自己的内心上都可以发挥主观能动性。去掉狂躁，保留冷静；去掉虚浮，保留踏实；去掉过多的贪欲，保留清醒。让自己的心灵得到安宁，拥有一颗宁静的心，同时挺起腰杆，在时间上做自己的主人。

第四章
管理好时间，才能享受工作和生活

这个世界上根本不存在"没时间"这回事。如果你跟很多人一样，也是因为"太忙"而没时间完成自己的工作的话，那请你一定记住，在这个世界上还有很多人，他们比你更忙，却完成了更多的工作。这些人并没有比你拥有更多的时间，而只是学会了更好地利用自己的时间而已。而他们的秘诀只在于，进行时间管理，发挥时间的最大效用。

1. 什么是时间管理

在一本正经地谈论时间管理之前，请先思考一个问题：时间是什么？《韦氏大辞典》中的定义是这样的："时间是由过去、现在及未来构成的。时间就是过去、现在及未来的连续不断的连续线。"时间的基本元素是事件，是过去的事，现在的事和未来的事。时间是由每一个时间的事件构成的。

时间具有4个独特性。

（1）供给毫无弹性。时间每天对每个人的供给量都是同样且固定不变的。谁的时间能够一小时超过60分钟？你的是60分钟，我的也是60分钟，没有差别；你的是24小时，我的也是24小时。我们无法开源。

（2）无法蓄积。不同于人力、财力、物力和技术，时间不能被积蓄、储藏。不管愿不愿意，我们只能任由时间耗费，所以我们无法节流。

（3）无法取代。时间是构成世界的重要元素。任何活动都必须在某个时间段内进行，就是说，时间是任何活动所不可缺少的基本资源。因此，时间是无法取代的。

（4）无法失而复得。丢失了物品，可以找回来；失去了感情，可以通过努力破镜重圆。失去的时间却永不可能失而复得。它一旦消逝，任何人都无力挽回。

因而我们需要在思想上认识到：时间是珍贵的资源，是珍贵的日用品，是我们生命的基础；没有时间，我们将什么事都做不成。

接下来，什么是时间管理？时间管理就是用技巧、技术和工具帮助人们更好、更快地完成工作，实现目标。它探索的是如何减少时间浪费，以便有效地完成既定目标；但并不是要求把所有事情做完，而是强调有效运用时间。其要素与核心是：改变的是思想而不是行为，是一种思维方式的变革。这种时间管理强调的是一种人生的远景，而这种人生远景的一个宗旨就是要学习怎么去思考未来，所以它是一种改变，这种改变是一种思想的改变，而不是行为的改变，是一种思维方式的变革。时间管理的目的除了要决定你该做些什么事情之外，另一个很重要的目的就是决定什么事情你不应该做。时间管理不是完全的掌控，而是降低变动性。时间管理最重要的功能是通过事先规划，为行为做出提醒与指引。它所管理的对象不是"时间"，而是在时间范畴内发生的各种事务。

在日常工作执行中，时间管理是一种有目标的可靠的工作技巧，其关键在于对事情的控制，即把每一件事情都能够控制得很好。例如，如何安排你的生活，怎样去规划你的职业生涯或者工作的步骤，关键是合理有效地利用可以支配的时间。

很多人都有一句口头禅，比如有人请他帮一个忙，或者有什么事情找他，一般他总会讲：我没有时间。那他到底什么时候有时间呢？失败者总会说，我没有时间；而一个成功的人，他一定会说自己能腾出时间来，这就是成功与失败最大的差异性。

一个人若要获得事业上的成功，离不开有效的时间管理。就企业而言，有效的时间管理可以让企业提高工作效率，减少管理成本，在规定时间内完成超额的任务。有效的时间管理可以让员工自己掌握正确的时间管理技巧，制订适合自己的时间管理计划，拥有充分的个人休闲时间。

赢得时间，就可以赢得一切。因为时间管理的关键就是事情的控

第四章 管理好时间，才能享受工作和生活

制，所以能够把事情控制得很好，就能够赢得时间。因为时间就是生命的本身，连自己生命本身都管理不好，还能管理些什么呢？

2. 时间管理，被忽视的重要理念

有个人在树林中散步，路上遇到一名伐木工正大汗淋漓地锯着已经砍倒的树干。这个人走上前，观察了一小会儿，跟伐木工人说："我看，你的锯齿那么钝，还生了锈，如果你把它磨得锋利点，干起活来肯定轻松些，也快得多。"伐木工头也不抬，气喘吁吁地答道："我可没时间，我还有大树等着锯呢。""磨刀不误砍柴工"，这是我们由此得出的启发。但若将这个故事与时间管理联系起来，伐木工对磨锯子的忽略就像我们对时间管理理念的忽视一样。

把时间管理看做一个理念的话，我们应怎样合理认识它呢？把它看成一门艺术？或者把它看成一种生活的技巧？就大多数人的生活现状而言，倾向于后者似乎更为妥当。原因何在？艺术家们在创作作品之前，需要长时间地思考和揣摩，进入创作后还需要花费大量时间和精力去不断精雕细琢，才可能得到一件称得上完美的作品。他们可以无所顾忌地将十几个小时全部花在思考如何进行艺术构思上，然而我们普通人，如果谁每天花费十几个小时来专门规划自己今天要做什么，大家不认为他精神有问题才怪。

有关时间管理的技巧往往并不高深，基本都是浅显易懂的道理，是人们从长期生活、工作的实践中总结出来的行之有效的策略、途径。将其看做艺术还是技巧的区别就在于，如果你重视、学习并掌握它，那么获得的好处是，可以自如地掌控你的工作和生活，进而驾驭你的人生。

如果你嫌它太过肤浅而忽视它，那么你的生活和工作便已持续迈上新台阶。

　　每个人降临人世，所具备的先天条件是很不平等的。"人人平等"只不过是历代以来广大百姓的一种不息的追求和梦想，真正对于每个人都平等的，只有时间。上天给予我们每人平等的每一天，每一天平等的24小时，每小时平等的60分钟，每分钟平等的60秒——没有谁的一天会多一小时一分钟或一秒。然而，越是容易拥有的东西，人们就越难以珍惜它。时间就是我们最容易忽视的，却是与生俱来的财富。有人说："我缺钱！时间我有的是，我经常闲得慌呢。"没有钱，可以通过努力挣到；失去了钱，可以想办法再赚回来。然而时间完全不可能这样，无论如何也不可能感动上天将自己一天的时间延长或缩短一个小时。时光无时无刻不在飞逝，那些美好时光再也回不来了！

　　上述时间的概念不可狭窄地理解为人的寿命。寿命有长有短，有人出世不过岁余几月便夭折，有人遭遇意外可能英年早逝，有人却能长命百岁。若从寿命的角度论，人与人之间简直是天壤之别，所以不作为我们论述的角度。就寿命正常的大众人群而言，除开幼年到上学期间的一二十年光阴，再减掉退休后的时光，中间阶段真正可以用于我们每个人为提高生活品质、实现人生价值而奋斗的时间，实际上是相差无异的。就在这部分时间里，继续剔除吃饭、睡觉和娱乐的时间，真正能用于工作的时间还剩多少呢？

　　这么算下来之后，我们会有一个共同的感觉——我们每天都很忙。是的，我们终日都在忙碌。如果你感到工作悠闲，那就不会意识到"时间管理"这个概念。然而我相信，绝大多数上班族乃至大学生、研究生的时间都是很紧张、很宝贵的，只要是有上进心的人，一定希望自己能够不断地提高自己、不断地上台阶、不断地晋升、不断地得到别人的认可。如何实现呢？那就有太多的事情需要去做。然而上天不会因为我们要发奋，就大发慈悲往我们每天的时间账户上多划两个小时，也不会因为谁每天过得太清闲太无聊，就从他的时间账户上划走两个小时。

那么我们怎么更好地抓紧时间，与时间赛跑呢？我们会说，其实与时间赛跑没有错，但这种方式就像强心针一样，只能临时起到救场的作用，通过爆发力来起到一定效果，但是总不能长期注射强心针吧。同理，如果一个人老是在与时间赛跑，那么就会活得很累，会让自己成为时间的奴隶。因为在这场赛跑中，时间永远是赢家。即使人类灭绝了，只要宇宙还在，时间仍然会继续不紧不慢地流淌。所以，把"与时间赛跑"的观念留给极少会出现的紧急情况吧。平日里我们需要做到的是，以一种更合理更高效的方式来管理和规划时间。

前面所提到的"时间账户"概念，是我们与生俱来的。假设你有一个银行账户，上面每天只有固定的100元，你却有许多东西想要买，并且每天都会有很多新的购买需求和欲望诞生，但是账户上的钱不可能存起来一起取，今天的100元不取出来花掉到第二天就作废了，明天会有新的100元存入。那你怎么办？显然，我们只能想办法将钱花在刀刃上。如果一时冲动买了一堆东西，过一会儿发现这些东西对自己并非最重要的，也不是自己真正想买的，那么等明白应该买些什么东西时账户上已经没有多少钱了。如果你每天以这样的习惯花钱，一段时间过后，回头看看你自己买下的东西，你会发现自己无法从中挑选出几件重要的、有分量的来，满满一大堆简直都是无关痛痒的。你会不会觉得，钱就这样被浪费了？在时间问题上，情同此理。将假设中的"钱"换作"时间"，我们会明白相似的道理。

《明日歌》："明日复明日，明日何其多？我生待明日，万事成蹉跎。世人若被明日累，春去秋来老将至。朝看水东流，暮看日西坠。百年明日能几何？请君听我明日歌！"这首诗反复告诫人们要珍惜时间，今日的事情今日做，不要拖到明天，不要蹉跎岁月。但只要我们懂得抓紧时间，努力工作或学习，就大可不必偏激地理解《明日歌》，毕竟现实中许多事情不是我们想完成就能马上完成的。

如果说长期与时间赛跑是蛮干的话，那么坚持管理时间就叫做巧妙管理时间。人类的社会结构就是一个金字塔型，站在塔尖的成功人士总是极少数人，然而下面的人在看到他们的时候，常常会惊叹："他这辈子怎么可能完成了这么多重要的大事！"似乎潜意识在试问自己："他不会是一天有 48 个小时吧？"也许上天曾经在机遇方面照顾过他们，但时间对每个人则是一视同仁的。成功人士虽然都有秘书甚至秘书团跟随，但他们的一天也只有 24 个小时，他们也必须睡觉、吃饭和休息。所以他们只需要每天处理好那些最紧急最重要的事情，过问一下那些重要但不紧急的事情就可以了，其他的事情就交给秘书去处理。

3. 把时间管理培养成习惯

我们生活和工作中做的很多事情都是出于习惯的原因，甚至于有时候我们根本不会去考虑为什么要做这件事，或者根本就没意识到自己已经做了这件事。我们总是不知不觉地沿着习惯前行，以致几乎意识不到它的存在，或把很多出于习惯而做的事情看做是无足轻重的，似乎只有类似那种绞尽脑汁想出解决方案的事情才是重要的。事实完全不是这样。我们之所以会在某些事上养成习惯，恰恰说明这些事情是对我们非常重要的。比如吃饭，没有人会去思考人为什么要吃饭，到了时间自然而然就会出现吃饭的行动，哪怕并非真正饿。这就是习惯。我们能说吃饭不重要吗？再比如呼吸，就在读这些文字的片刻，你意识到自己在呼吸了吗？假设人需要提醒自己才会呼吸的话，那么人类何以存在呢？所以说，习惯往往都是那些很重要而且经常必须做的事情。那么，我们既然计划要把时间管理这个行为培养成自己的日常生活和工作的习惯，首先就得说服自己为什么时间管理既重要又需要经常做。

为什么说时间管理很重要？首先我们来探讨一下时间管理的目的。培养时间观念的目的就是为了使我们的生活和工作更有序、更高效，从而缓和我们的节奏、调整自身的心态，以求达到从容不迫，心静如水的境界。以职场的视角解释，时间管理是实现"晋升"、"更高的职位和薪水"等职业目标的必要条件之一。也就是说，为了使自己不断进步，学会时间管理是职场人士必须具备的技能。

有一种古老的七巧板游戏，其规则是，几块多形状不规则的木块，必须按某种次序拼接起来，才可以正好放在一个固定的正方形木框里。如果没有找到规律随意往里放，最后便会余下一两块木板放不进去。时间管理就像这个七巧板游戏，我们需要按照某种规则或次序来安排我们一天、一周甚至一个月的事务。规律、次序找对了，不同事务之间会衔接得恰到好处，我们就不会在时间上总显得捉襟见肘，将一天的业余时间完全占满或不得不将某些事情推迟到第二天、下一周。这就要求我们在给事务排定次序的时候，除了考虑事务的重要性外，还要综合考量事务与事务之间不同的顺序所产生的效率差异问题。举一个现实中的事例，今天你大老远地去银行办理某项业务，接下来有一件很重要的事情是回公司写一份企划书，但是同时有一件不那么重要的事情想顺带办了，就是去银行附近那家非常有名的小吃店买点儿吃的带回去给父母尝尝。如果单纯按重要性优先级来排列的话，你当然是从银行出来后直奔公司，等完成正事下班后再去小吃店。然而很显然的是，公司离小吃店不近，跑一趟费时不少，在路上多花了时间就会影响你安排好的晚上的学习时间，而为了保证学习时间不被压缩，你不得不推迟去往公司的时间……这一点跟七巧板游戏十分类似，如果你没找到妥当次序的话，就很有可能有一块木板放不进那个正方形的木框。如果你从银行出来就直奔小吃店，再赶回公司的话，似乎没有遵照安排事务的重要性次序原则办事，却能提高效率。这就是综合重要性和效率两方面因素考虑所获得的时间上的成就感。

一旦发现了时间运用的规律，理清了秩序，在事务安排上就会做到井然有序、水到渠成。尤其在大城市里工作和生活，普通上班族常常会有疲于奔波却碌碌无为的感叹，似乎自己从早上睁开眼到晚上闭眼休息这之间的所有时间，人始终在不停地往前赶，但是回想一下，又发现自己进步不大，老在原地踏步。生活节奏快、工作压力大，经常让我们被时间所奴役。假如我们懂得科学地安排需要处理的事务，那么也许会让身心获得短暂的休憩、放松。

如果我们每天都坚持做好时间管理，时间长了生活中就会发生由量变的积累而催生的质变。我们处理起每件事情都是从容不迫，不会再像以前那样，一看到还有事情要做就会开始焦虑，不赶快完成似乎就会有负罪感，一旦事情逐渐多了起来，就只好不断地给自己增加压力，直到把自己压垮。蛮干的人，要么靠一副强健的身躯来背负沉重的负担，要么早就倒下了。"身体是革命的本钱"，但锻炼身体不是为了在革命的过程中去当靶子挡子弹。我们提倡巧干，就是先找好顺序，然后使得所有的木块都可以放进大小固定的木框中。

如果我们每天都可以把自己的工作和生活安排得井然有序、从容不迫，那么经过一段时间潜移默化的锻炼，我们就可能达到心静如水的境界，也就是面对各种事情都能做出恰到好处的反应，既不过激也不怠慢。这就好比湖水，如果水面上没有大风也没有游艇飞驰而过，水面通常是像一面镜子一样平静，这时候你若扔下一块小石头，水面就会激起不大的波澜；你若抱起一块大石头扔下去，水面就会激起很高的水花。不过湖水用多大的波澜来回应你，完全取决于你扔下去的石头的大小和速度，它不会为一块小石头而付出更多的精力，也不会在一块大石头面前显得反应不足。所以，我们要是能够达到心静如水的境界，也就不会感觉生活的疲惫、工作的劳累了，也才有资格开始谈论如何快乐地工作以及享受工作。

4. 有关时间管理的关键问题

"最近忙吗?"这句短语被当做寒暄的话经常从许多人口中讲出，但很少有人意识到需要重视隐藏在其背后的时间管理。很多时候，时间管理不是被视为一种初级技能，就是被归入到励志的范畴，许多人认为这主要是精神因素在起作用。

我们对时间管理应给予重视。或许身处管理职位的大多数人有所不知，比起战略决策、创新研究、领导力提升这些看似关键的管理议题，时间管理的意义甚至更为突显。

"时间管理"的3个关键问题是：什么事是必须做的？如何看待他人？如何进行时间管理？如何统筹规划出整块的时间？

"你真的很忙吗?"大部分的答案肯定是忙，通常传达着一些无奈的情绪。我们身处一个讲求高效率快节奏的社会，不管是管理者，还是所谓的知识工作者或专业人士，每个人都非常忙碌。

实际上，忙碌背后的真相可分为3种：一种是事务繁多，尚未学会管理自己的时间，这类人常常会感觉被近乎疯狂的时间表逼疯；一种是的确忙碌，但已经学会应对与取舍的艺术；第三种则是假装出来的忙碌，因为我们几乎已经开始把忙与成功、闲和失败联系到一起。

不论是企业的战略规划、创新研究，还是日常运营工作都需要人去执行，也就是说，需要人员投入时间和精力。而在企业中所处的职位越高，从中层管理者到高层管理者再到决策者，他们对时间的感觉越发稀缺和紧迫。通常，企业为创造更大效益，会通过雇佣更多的人以获取更多的时间来实现。如果管理层太过庞大的话，不同的管理人员之间在工作上可能会相互妨碍，可能导致信息流通不畅，处理这些日常的摩擦与冲突会导致大量的时间白白流失。

对于专业人士来说，更多的人意味着更高的时间成本。在人数超过某个值时，结果会弊大于利。工厂可以雇佣更多的工人来增加产量，数量可以是几千甚至上万，但在软件开发、项目咨询领域，10个人的团队差不多已是团队规模的极限。

在以往的组织观念中，不存在时间管理一说，当然人们思维中也没有。而今形势不同于过去，那么我们如何进行时间管理？起初时间管理被认为是个人问题，强调个人自己去进行时间管理，自己摸索、学习时间管理技能。而现在，有一个趋势是，除了任务目标之外，让知识工作者自己决定有关工作的一切。这使得组织放弃了自身在时间管理上的职责。组织管理者至多是在进行任务分配时稍微考虑一下每个参与人的时间应用情况。这不仅和战略无关，甚至被认为是最低层次的问题。对于技术知识、管理技能，组织从未持这样的看法。在这些方面，它们采用内部培训、辅导制度、派员工参加外部课程等方式帮助员工提升自身能力。

从认识上给予深刻重视，时间管理就已经解决了一半。这里我们要谈的不是时间管理的具体工具和细节，而是关注时间管理的一个重要前提准备与3个关键问题。由于时间管理是身为职场人每天都要进行的活动，复杂的解决方法是行不通的。只有直达问题核心，也就是聚焦于关键问题，才能进行有效的时间管理。

做好时间管理的一个重要准备工作，是了解你的时间是怎么花掉

第四章　管理好时间，才能享受工作和生活

的。关于这点无需解释，但大部分人会把它看做一件非常简单、可有可无的事，认为只需简单回想一下就可以了。而需要强调它的原因恰在于此，对于这项准备工作，我们的所谓回想与现实之间常常出入很大，甚至处于对立的两端。

管理大师彼得·德鲁克曾经对他的研究做过描述：他拜访了几名企业管理者，请他们将自己平时使用时间的情况详细写出来，之前他已经让人对这些管理者使用时间的实际情况做了记录。其中一位公司董事长很确定地告诉研究者，根据平常的习惯，他的时间主要用在 3 个方面，分别是管理公司高级管理人员、接洽重要客户、计划社会公关活动。而此前历时 6 周的实际记录结果显示，他把大部分时间用在调度工作上了，他要随时了解他所认识的客户的订货情况，还会根据他们的订货情况打电话给工厂。起初他无法相信这些记录，但是仔细回想后，他不得不承认，关于时间的使用和管理问题，动笔记录远比大脑记忆可靠得多。

记录你的时间是怎么花掉的，是时间管理的第一个关键问题，但它绝不是一挥而就的事。时间管理是一个持续不断的过程，我们需要不断地重复记录，以便了解自己最新的时间使用情况。比如一个月专门挑一天来记录当天的时间使用情况，有的人能够按照某些时间管理工具的要求，坚持每天以 15 分钟为间隔记录时间使用情况。这种做法有它的益处，然而这样是不是将太多时间花在了"磨刀"上呢？记录过于频繁的时间表会让人感到压力太重，造成负面的心理影响。

首先问自己，所有事务中什么事是必须首先做的。这是时间管理的第一个关键问题。许多人在时间管理方面犯的错误基本都可以归结为，把时间花在那些并非必须做的事情之上。对企业管理者来说，最重要的是让员工知道哪些工作是重要的、必须先完成的。

72

解决了上面的问题，接下来是确定最重要的一件事，立刻开始做。这是第一个关键问题。一个通俗的原则是：重要的事先做。德鲁克曾在《哈佛商业评论》上撰文说："目前为止，我还没有碰到过有哪位经理人可以同时处理两个以上的任务，并且保持高效。"率先处理重要事情的意义还在于，它能让我们避免掉进"嗜急成瘾"的陷阱。根据重要性和紧急性两个维度，我们将所有要处理的事情分为4类，或说四象限：重要且紧急，重要不紧急，紧急不重要，既不重要也不紧急。

许多时候，一片忙乱中，或迫于某些压力，我们自然而然地将紧急的事情放在第一位，虽然意识中明白那些"重要但不紧急"的事情不应该被忽略，并且不到紧急时刻不会将"重要且紧急"的事也搁在一边。起初，我们能做到综合考虑事情的重要性和紧急性，选择最先处理"重要且紧急"的事务。但是习惯了一段时间的紧急状态之后，我们常常不由自主去"到处救火"，将"紧急不重要"的事与前者混为一谈了。

时间管理的第二个关键问题跟人相关。许多时间管理方法让我们学会授权，让别人去分担你的事情。实际上，在你这么想的同时，别人也正想把你当成替他做事、省时的资源——也有可能是障碍、干扰者。它揭示的问题就是，我们倾向于依赖或控制他人，希望他人按照我们的要求做事，不想别人妨碍我们做事，然而，他人是不受我们控制的。换个角度，我们应该多想想与别人共同工作带来的收获，如新知识、人脉等。在时间管理中，我们必须随时自问我们是如何看待他人的。

如何统筹规划出大块的时间？这是第三个关键问题。工作中我们经常会被安排或分配一些重要任务，比如写一个活动策划方案或撰写一份报告。这样的任务需要大块的时间去完成，撰写过程中间，工作者不希望被打断，因为一旦被打断则需要花费较长的时间才能重新进入深度思

第四章　管理好时间，才能享受工作和生活

考与工作状态。据说比尔·盖茨每年会有几周时间使自己处于完全的封闭状态，完全脱离日常事务的烦扰，以深度思考那些决定公司走向、技术开发等范畴的关键问题。

正如我们在每天的工作中所感受到的，有效的时间管理是我们最应该具备的智慧之一。之所以有那么多人不懂得有效管理时间不是因为他们缺乏时间管理工具，而是没有从认识上加以重视。因此，我们应该重视时间管理，清楚自己的时间使用情况，然后思考上述 3 个关键问题，自己慢慢摸索答案。

5. 常用的时间管理工具

前面讲了那么多时间管理，基本都属于世界观范畴，接着我们就来简要论述方法论的一个方面——工具。管理时间当然离不开对一些工具的运用，那么，职场当中比较常用的时间管理工具有哪些呢？现将这些工具分列如下：

（1）计划管理

每日将要做的一些工作事先列出一份清单，排出优先次序，确认完成时间，以突出工作重点。避免遗忘、未完事项留待明日。待办单主要包括的内容有：非日常工作、特殊事项、行动计划中的工作、昨日未完成的事项等。列待办单时应当注意，每天在固定时间制定待办单（一上班就做）、只制定一张待办单、完成一项工作划掉一项、待办单要为应付紧急情况留出时间，最关键的一项是每天坚持。每年年末作出下一年度工作规划；每季季末作出下季末工作规划；每月月末作出下月工作计划；每周周五作出下周工作计划。

（2）时间管理"四象限"法

究竟什么占据了人们的时间？这是一个经常令人困惑的问题。"四象限"法是著名管理学家科维提出的时间管理理论，他按照重要和紧急两个不同的程度，把所有工作基本上划分为 4 个"象限"。4 个象限的事务分别是：既紧急又重要的，如人事危机、客户投诉、即将到期的任务、财务危机等；重要不紧急的，如建立人际关系、新的机会、人员培训、制订防范措施等；紧急不重要的，如电话铃声、不速之客、行政检查、主管部门会议等；既不紧急也不重要的，如客套的闲谈、无聊的信件、个人的爱好等。"四象限"理论的一个重要立足点是，应有重点地把主要的精力和时间集中地放在处理那些重要但不紧急的工作上，这样可以做到未雨绸缪，防患于未然。

日常工作中，很多时候我们其实可以按照计划很好地完成一件事，却常常由于没有及时付诸行动导致该做的事情没有做成。如此恶性循环下去，眼睁睁看着工作质量下降却无能为力。因此，我们需要学会合理安排时间，把每天的主要精力用于重要但不紧急这个"象限"的事务上，这是有必要的。

（3）有效的时间管理

美国管理大师德鲁克认为，有效的时间管理主要是记录自己的时间，以认清时间耗在什么地方；管理自己的时间，设法减少非生产性工作的时间；集中自己的时间，由零星而集中，成为连续性的时间段。

（4）时间 ABC 分类法

将自己的工作按轻重缓急分为：A（紧急、重要）、B（次要）、C（一般）三类；安排各项工作优先顺序，粗略估计各项工作时间和占用百分比；在工作中记载实际耗用时间；每日计划时间安排与耗用时间对比，分析时间运用效率；重新调整自己的时间安排，更有效地工作。

第四章 管理好时间，才能享受工作和生活

75

(5) 考虑不确定性

应付意外的不确定性事件是在时间管理过程中几乎随时需要面对的情况。俗话说，计划赶不上变化，个人意志又怎能敌得过上天的安排呢？为应付解决在时间管理方面的意外，我们一般可有以下 3 条途径：第一，依实际情形，为计划列表里的每项任务预留适当的额外时间。第二，自己尽最大程度地努力，即便干扰不断，也使出浑身热情完成原定的工作。不要以为这不可能，事实上，只要你愿意改变观念和习惯，把工作做得又快又正确是完全可以的。第三，除了既定的方案 A，制定出方案 B，即临时应急方案。具体如何做，需要在紧急情况时发挥你随机应变的能力。充分相信自己的能力，努力做到在规定时间内完成工作，这是做到有效时间管理的必备素质。

在工作中要很好地完成工作就必须善于利用自己的工作时间。工作是无限的，时间却是有限的。时间是最宝贵的财富，没有时间，计划再好，目标再高，能力再强，也是空的。时间是如此宝贵，但它又是最有伸缩性的，它可以一瞬即逝，也可以发挥最大的效力，时间就是潜在的资本。充分合理地利用每个可利用的时间，压缩时间的流程，使时间价值最大化。

6. 管理好时间就要 "目中无人"

"目中无人"的本意指眼里没有别人，形容一个人骄傲自大，看不起他人。而本书中，我们讲到这个成语，当然用的不是本义，而是指为了做到有效地进行时间管理，我们就要增强自己对于时间的掌控意识和能力。来自外界的无端打扰、破坏了我们的时间管理行为的，我们应尽量拒绝。出于人情维护和人际互动的积极设想，我们愿意在他人面前表现得慷慨、大方，被大方送与他人的对象之一，便是时间。人类是必须生活在某类环境里的群居动物，为了立足、生存，我们需要被他人认可并认可别人，包括接受别人对自己时间的挥霍。这简直就是人际交往中的主要内容。我们能在时间上做到对他人"目中无人"吗？很难。然而，事在人为，如何既能保持原有的关系，而又"目中无人"地实行自己的时间主张是有法可究的。

一次培训课后，一位民营企业老总找到培训师说："周老师，我感觉到，时间总是不够用，事情总是太多，人也总是停不下来，您说这是为什么？"

培训师说："很简单，因为你是'老总'呀！民营企业发展到一定规模后，老板总想尽快把自己这个老板变成老总，于是，总想管着所有人、总想办好所有事、总想赚进所有钱。"

老总笑了："原来我是这么个老总！事实的确如此。我总想让员工尽快把所有工作都做好，结果经常事与愿违，拆东墙补西墙是常有的事。有时候明明10分钟便能解决的问题，不知道因为哪个环节的问题，可能拖好几天都解决不了。结果时间都过去了，事情却没见做好。不光是我，所有员工身上都会出现这种情况。"

培训师说："我亲自到您的车间看过，也跟您的部分中层管理者和员工交流过。我发现您的员工大部分属于'三无'员工，即无明确目标、无中期控制、无人际沟通。表面看每个人都很忙，实际效果却不大，工作的时间并没充分利用好。"

老总问："那怎么才能解决呢？"

培训师说："解决之道是——目中无人！"

其实，时间管理方法很简单，不需要多么高深的理论和方法，只要做到"目中无人"，你在时间管理上就能应用自如。做到"目中无人"，首先要从多个层面去理解"目中无人"的理念。

第一层，时间是"目中无人"的

时间看不到摸不着，它对每一个人都是公平的，不会偏袒任何人，也不会因为你的祈祷或哀求而加速或停止。这是时间的基本属性。

第二层，要具备"目中无人"的心态

要明白我的时间我做主，你的时间管理方法关注的是你的时间价值，而不是别人的喜怒哀乐，要根据自己的习惯，遵照规律进行科学安排。

第三层，有"目中无人"的行动力

学会进行自我约束和自我管理，不要轻易被外在的人或事物干扰。有句话说得好：除非警察来找你，谁也不能阻碍你对时间的不懈追求。一定程度来说，时间管理更多是一个去除干扰、去伪存真的过程。从古至今，无数伟大人物，无数文学家、艺术家或政治家，他们都深谙此道，称得上是时间管理的高手。所言无他，我们要表达的意思只是：时间是短暂、不可替代的，要把握好时间发展的规律，才能做好时间管理这门人生功课。

那么，如何做到"目中无人"呢？可用四句简单的话概括：目标设置要合理，中期检查不可少，无效工作应避免，人际沟通最关键。话语很简单，道理也很容易理解。下面逐一详细论述。

一是要有明确合理的目标。时间本身是没有目标的，它就从你身边一分一秒不经意地流过。但是你的时间价值必须有目标。你仔细算过你的时间值多少钱吗？这绝对不是一些简单的数学运算式。如果足够努力或赶上机遇，你的时间价值完全可以成几何级数增长，因为时间价值可以积累升值。比尔·盖茨平均每秒赚 2500 美元，那么他每天赚到的是 2160 万美元，一年赚 78 亿美元。但是，在他 20 岁的时候，他一天能赚到如此巨额的金钱吗？当然不能。这说明，建立时间价值的概念与树立明确合理的时间管理目标至关重要。需要注意的是，这里提到的时间价值，其概念决不仅仅等同于金钱。除了经济收入之外，还可以是文学艺术作品、一项工程，也可以是一段轻松愉快的交谈。具体是什么，就看个人的价值取向了。

二是要有明确的事务处理流程。制定明确的工作程序和方法步骤很有必要。如果没有这一步，起码要做到有中期检查，最后附上验收交接。工作中管理者关注最多的一般是两件事：其一是，这句话我说过了，或这件事我跟你交代过；另外一件就是，结果是不是我想要的。这里隐藏着两个危机：一个是，你说的是不是对方都收得到，他能否正确理解你的工作指令，如果他没有正确理解，怎么办？另一个是，到最后发现结果不是你想要的，怎么办？重做吗？既浪费时间和资源，还影响情绪和心情。况且很多时候，现实根本不允许你有重做的时间。那么如何解决？如果我们不可能一下子建立完善的流程管理系统，至少可以做个中期检查。这样便于发现问题并及时纠偏，亡羊补牢犹未晚矣。

三是要尽量避免无效工作。无效工作大致有两类，一类是绝对无效劳动，这项工作压根不值得花费时间去做。对这类工作，必须在刚接手之初及时予以拒绝、剔除。怎么处理呢？4个字："简单合理"。首先精简各项工作任务，可做可不做的坚决不做。第二实行单一管理，同一类事情交给一个人做，由其承担责任，并建立考核机制。第三能合并的工作合并完成，就是说尽量集中起来做，不要今天做螺丝明天做螺母，每天都要开机床。最后是理顺管理和监督流程，尤其是要建立监督机制，最好是各工序之间都能相互制约，这样上一道工序的无用功，下一道工序马上就能发现，可以及时申请撤销。还有一类无效工作是相对无效劳动，主要是指时间接口不对，也就是工作上产生时间应用偏差，比如我想喝茶，水烧开了，可是发现茶叶没了，等去买回茶叶又发现又凉了。

解决这类问题的关键在于排序，学会运用统筹方法，建立最恰当合理的工作流程。现代经济危机下，很多企业提出零库存的概念，就是解决相对无效劳动的一种策略。

　　四是要注重人际沟通。前文已经解释过，本文中的"目中无人"并非引用的本义，而是借以指代一种心态和理念，不是说同事之间不需要交流和沟通。实际上我们的工作很少是靠单独一人完成的，大部分是在团体的协作下顺利进行的，如果涉及不同层级，那么流程中的上传下达不可忽视。沟通之于时间管理的意义在于找到时间切合点。具体情境不同，对时间切合点的界定也不尽相同。比如，你去找某位领导签字或请示某项工作，最好对领导的工作时间规律及现状有所了解，以做到在适当的时间出现在他面前。一般在领导刚上班的 9 点钟之前，或是中午吃饭前 11 点钟左右，你去找他成功的几率比较大。当然这个不能一概而论，得依具体情况而定。对本部门和其他同级部门人员，应尽量发掘共同的时间价值体系，以便有任务需要合作时可以顺利完成。对下属要明确重点的时间管理方法和规律，比如规定集中时间统一解答相关问题，召开晨会或班后会等集中解决各类杂事。总之，人际沟通需要很多技巧，但是根本的宗旨在于解决所有有碍时间管理的各类矛盾。

第五章 成功源于有效的时间管理

　　在开始本章之前,问你一个问题:你认为生命中最大的财富是什么?万贯家产?别墅?豪车?还是家庭?抑或一个心心相印的爱人?一份珍藏于心的恋情?无论你的答案是什么,你都需要两样东西来实现或管理它,一项是头脑,一项是时间,这才是我们人生中最大、最宝贵的两项资产。不理解?那么请想想,不论你做哪件事,即便不用脑子,你是不是也要花费时间?时间对我们的人生走向更起着决定性的作用。因而可以说,时间管理水平的高低将决定你事业和生活的成败。

1. 利用情绪积极时段，发挥高效率

心中明明知道应该抓紧时间做该做的事，但是就不愿起身动手，整个人缺少干劲，相信每个人都会有这种经历。有些人的情况是，遇到自己感觉没劲时，自己勉强学习或工作30分钟到一个小时，热情就会慢慢地产生，效率也会逐渐地提高。不过在到达劲头十足之前的30分钟乃至一小时之内，这么做效率会很差。因为强迫自己做事在精神上免不了会感到痛苦，故此这称不上良策。你可以这样办，遇到情绪低落时，先把手边的工作置于一旁，从非做不可的工作中挑出自己最感兴趣的，立刻着手去做。因为是自己喜欢的，自然就容易产生工作热情，效率就会比较高。总而言之，有效的时间管理要求你能够很快从"无劲"的状态中转换到"有劲"的状态，然后着手于你不想做却必须做的事情。

如果对如何安排时间没有持续的激情，那么任何人想掌握时间管理的艺术是不可能的。朝着你真正想要的方向前进，追逐你的激情，而不是金钱。假如你对眼下的工作没有热情，那简直是在浪费生命。对身处职场的人来说，一天的主要时间都是用于工作，要做到对时间管理保持激情，其实也就是对工作要保持激情。我们的生命，一大半是用于工作的。

如果工作不能激发我们的热情，那就会变成无休无止的苦役，这是一件非常可怕的事情。正如加缪描写的古希腊神话中的西西弗斯的境遇：他不停地把巨石往山顶推，而石头由于自身的重量不断滚下去，他总是日复一日地做无用功。再也没有比这种无效无望的劳动更称得上是对生命、时间的浪费了。然而，倘若我们真的处在那样的命运摆布之中，尽管可以找到怨天尤人的理由，但是，有一点必须点破的是，我们自己应对困境负主要的责任。

我们往往把工作当成赚钱的手段，很少把它当做跟快乐、幸福有关的事，对待工作的态度往往是随金钱回报的多少而变化的。秦碧茹大学毕业后应聘到了一家成立不久的文化公司从事展销业务。按说展会经济属于新兴朝阳产业，在这个行业内可以开拓美好的职业前景。但公司因处于初创阶段，业务发展不太顺利。秦碧茹的工资不高，跟同时毕业的大学同学相比少了一半。收入上的差距使她产生了很大的心理落差，她开始悄悄寻找跳槽的机会。结果跳槽未成，她反而在公司第二年的竞聘上岗中落败了。秦碧茹的致命伤在于，这山望着那山高，对工作没有上进的动力和兴趣，以致延宕了自己的发展，没有发挥出工作时间的应有价值。其实，工作的成就感决不只是从金钱中获得的。

当然，变换工作使很多人实现了跨越或提升，他们循着内心的方向而行，这应另当别论。通常，我们必须每天走进同一间办公室，继续做着重复的工作。那么，工作的激情从何谈起？须知工作的激情，不在于工作本身是否有趣，而在于我们有没有将全部热情投入进去。如果你不能深层次理解自己工作的意义和目的所在，那么日日重复的单调工作于你而言难说不是一种折磨。所有职场成功者都会告诉后来人：工作的价值，取决于我们的态度，而非工作本身，这就是工作的哲学。你能将时间的价值发挥到多大程度，也取决于你对工作所投入的心血和热情，这是时间的哲学。

平凡的工作就不能点燃我们的工作激情吗？当然不是。实际上，即使再不起眼的工作，只要你投注了热情，都有发挥个人创造力的地方。比如，一个教师抛开枯燥和繁琐，以导演的热情去上他的每一堂课；一名记者不顾危险和可能受到的攻击，以探索的视角去看待他报道的新闻事实；一个厨师放下对辛苦和地位的计较，以艺术家的执著去烹煮他手下的每一道菜。只要你是个真心热爱生活的人，无论怎样的工作你都能从中寻找到乐趣，而不是抱怨、等待。热爱工作，不是把工作当做谋生的手段，而是工作当做事业，把它看做发展自己潜能与天赋的机会，不去过多计较其中得失。这就是我们成功人生的秘诀。

张亚勤，比尔·盖茨的亚洲首席智囊，他跟人介绍自己的时间利用秘诀是，不管工作有多繁忙，坚持将每天下午1：30～4：30定为"脑筋自由时间"。这3个小时是他精力、情绪状态最佳，头脑最为清醒以及创造性最强的时段，他用于思考、阅读及写作，拒绝一切打扰。

成功的人大都善于把握一天当中精神状态最佳的时段，他们将这段时间预先计划保留下来，用于从事最重要、最具挑战性的工作，以提高有限时间的利用价值，最大限度地创造高效率。

人在热情高涨的状态下，工作起来会卓有成效，即使乏味的工作也可以被当成乐趣。如果你想把事业提高到一个新水平，就必须先把积极意识提高到新的水平。内心有改变后，行动才会有改变，结果也就随着改变。天生亢奋的人人间罕有，因此要想不浪费一点时间，就需要每天增强自己的热情。

在某个时间段里，一心一意做眼前的工作，不要考虑其他任何事情。不要时不时想起查看邮箱、泡论坛或者随便上网溜达。为防杂念不停闪现，需要紧张工作的时候不妨断开互联网连接，关掉电话或者拒接。

真正重视时间管理的人，会时刻意识到不能失去激情。他们能够每天有意识地增强自己的积极性。比如英语口语不是十分流畅，为了在工作中能更好地与外商进行沟通，便把随身听带在身边，在车站等车的片刻，在地铁上漫长的时间都坚持听。他们时时刻刻都能保持自己的激情和积极的状态。

2. 懂得休息才懂得工作

很小的时候老师就告诉我们：不会休息的人就不会学习。这个道理当然也适用于工作。然而由于功利的原因，待我们踏入职场时早已将它抛在脑后。于是我们忙碌，我们努力，于是也就害怕无聊、害怕无事可做，甚至会因为闲暇而几乎惶惶不可终日。

工作不应该成为生活的全部，工作只是为了更好地生活。我们应该是工作的主人，绝不是工作的奴隶。千万不要以为无聊是消极、是不敬业。

年轻人刚入职场之时，常常面临着两难选择，一边是工作上需要不断提高，另一边是希望有属于自己的个人生活。两方面都很重要，工作不可松懈和敷衍，个人兴趣和生活规划也不愿舍弃，你不能顾此失彼。若不能妥善处理两者关系，只一味拼命工作，完全不懂得休息，到一定程度时，累垮的将不止是身体，还有心灵。

疲惫不仅仅来自时间方面，也跟情绪、心理状态有关。比如工作上偶尔犯错，被上司批评，引起心中不快；听到顾客的抱怨、牢骚时，你也难免会感到苦恼、受挫。在情绪糟糕的时刻，即使勉强地工作，效率也不会高。那么不妨先让自己放松、平静一下，尽快让自己从消极状态中调整过来，迅速以积极的心态投入工作。或者做一些简单的小事，比如整理一下资料、翻翻记录本等，让自己尽快从当前压力中走出来。休息是生活的一部分，如果你不能合理地安排生活，那么就难以保持长期的动力、健康还有快乐。

无法尽情享受一场球赛，对去影院欣赏一部精彩的大片没有兴趣，

第五章 成功源于有效的时间管理

终日只知一心埋头于工作，好像被胶水牢牢粘在桌子上一样，这样的人并非会得到所有人认可。苦心孤诣地专注于某一件事情，期间没有任何娱乐消遣，就难以达到最佳状态。一场轻松愉悦的高尔夫球赛，有助于天文学家发现新的星星；在乡村待上一天或半天，困扰总经理多天的问题说不定就迎刃而解了；一天的工作后文件、数据的海洋让人头晕脑胀，若晚上继续端坐电脑前苦思冥想，能有多好的效率吗？

当手上的工作让你感觉棘手，当你对枯燥乏味的文字、代号、编码感到厌倦，并非是你懒惰，也并非电视上的球赛吸引着你，而是你真的精力疲乏，大脑疲惫，不想把自己该做的事情混蒙过去，强迫自己机械地完成任务。这样的状态，你如何应对工作中的挑战？这种情况下，恰当的娱乐、休息就如清新的空气一样沁人心脾。

那些发挥自己潜能的人，成就伟业的人，工作都是一丝不苟的，但他们也知道何时休息，有时甚至强制自己换个环境。他们充分利用休息时间，像努力工作一样努力地休息。他们深知一点，无论是人类还是机器，若持续朝一个方向运转，迟早会酿成灾难。

所谓管理好时间，并非说将人变成永动机，不需要休息。在休息时就彻底地休息。假如你觉得自己需要恢复一下体力，那就不要边工作边休息，收邮件、上网都不是休息。当你休息的时候，闭眼，做深呼吸，听一些轻松的音乐或者出去走走，小睡 20 分钟，或者吃点水果，一直休息到你觉得又可以努力工作了为止。需要休息就休息，应当工作就工作。要是不能 100% 地集中精神，干脆不工作。想休息多久就休息多久是没错的，只是别让休息时间占用了工作时间。

比如，自己曾买回一双鞋，当时特别喜欢，于是那段时间天天穿。这样不到半年，鞋子就穿坏了，鞋底、鞋帮都磨损了。拿给修鞋匠修补时，修鞋师傅看了鞋子说："这鞋子质量不错。但是由于你天天穿，皮革和材质没有得到适当的保养，鞋子当然坏得快。以后你最好不要一双鞋穿几个月，至少两双鞋子交替穿，这样鞋的寿命才会长。"

同样，一位在保龄球馆工作的朋友曾对笔者讲过，每隔一两周，他就把目前正使用的保龄球都收起来放到储藏架上，将一套新的或间隔一段时间未用过的保龄球拿出来供顾客使用。保龄球馆这样做，为的就是让保龄球有"休息"的时间。原来，别看保龄球只是个木制品，若得不到充分休息的话，它们很快便会失去活力，不能达到刚开始使用时活跃的弹跳性了。你看，连没有生命的鞋子和保龄球尚且需要"休息"，何况血肉之躯的人呢？

而说到休息，是不是就一定指睡觉呢？非也。你写了一天的文案，主持了一天的会议，晚上回到家，你的第一想法定然是：我要赶紧睡个好觉。于是吃完晚饭迅速躺到床上，一觉睡到第二天早上天光大亮。这或许没错。睡眠的确是最为有效的休息方式，对睡眠不足者或体力劳动者尤其适用。体力劳动者的疲劳主要是由体内产生的大量酸性物质引起的，睡觉则可以使堆积的废物排除出去，将失去的能量恢复过来。而都市职场人大多是纯粹的脑力劳动者，整天坐在办公室里，一天工作下来，体力被消耗到了最低落状态，而大脑皮层却仍处于兴奋之中。对于这种疲劳，睡眠并非最好的休息方式，这时最好的休息是把神经放松下来，而不仅仅是通过静止恢复体能。于是你可以理解，为什么你周末睡上两天人依旧无精打采，而别人下班后去游上半小时的泳或打两小时篮球，几天都表现得神采奕奕。

我们大脑的结构组织很神奇，大脑皮层表面分布着 100 多亿个神经细胞，并以不同的排列组合方式形成不同的分区，不同区位的功能各有差异。这一区域活跃，另一区域就相对静止。所以，我们可以通过变换活动内容，使大脑的不同区域得到休息。

比如星期五你为了写好一份策划案反复修改直到晚上 12 点多，那么第二天上午你最好跑到附近的运动场打网球，而不是睡到太阳晒屁

第五章 成功源于有效的时间管理

股。还有，在脑力劳动与体力劳动之间进行转换并非脑力劳动者休息的唯一办法，你也可以在不同的大脑思维活动之间转换。法国杰出的启蒙思想家卢梭便很擅长于此，他的心得是："我天生并非适合研究学问，因为用功时间持续三四小时我就感到疲倦，甚至我不能连续半小时将精力集中于同一个问题上。但是，我有个独特之处，喜欢连续研究几个不同的问题，即使不间断，我也能够轻松愉快地一个一个地思索下去而不厌烦。对我来说，对下一个问题的研究可以消除思考上一个问题所造成的疲劳，这样我就用不着休息大脑。我在治学中充分发挥自己的这一特点，所以表现得比其他人精力充沛。"这种思维方式不独卢梭具备，我们大部分常人其实也能做到。

很多时候，疲惫主要来自对现有一成不变的生活的厌倦。如果疲惫时你做了某件事，之后由衷地感叹"明天又是新的一天"或"生活如此美好，值得我为它时刻打拼"，那这件事对你来说就是最好的恢复精力，调节情绪的方法，称得上是最好的休息。所以，最好的休息能达到的效果是，让我们重新找到生活和工作的动力，焕发出热情。为达到这种效果，基本思路是以"做"来取代"睡"，用积极休息取代消极放纵。当然，你完全可以探索最适合你自己的方式。

比如，你的工作是天天接触大量的文稿和进行大量的文字处理工作，那么晚上看看逗人发笑的轻松喜剧、让人开怀的娱乐节目或漫画，便是很好的休息。你还可以从这个周末起学习一项新的技艺，弹电子琴、打鼓或其他项目都行，坚持每周练习 1 小时以上，达到学会程度。还有，积极参与社交聚会也是精神放松的绝好途径。不要认为与某些人闲聊没意思，不要总认为人心难以捉摸。虽然跟看书比起来，它的确容易令性格内向的人紧张，但同时也扩展了你的感情宣泄渠道，让你经常获得好心情和认同感。若平时做不到的话，那么周末也该尽量抽出时间跟工作圈子和亲戚熟人之外的人打交道，这会让你不至在朝九晚五的机械运行中失去活泼的天性。

最后，学会享受无聊。潜意识中人们普遍将"无聊"看做消极情绪，认为一个奋发向上的人绝对不该有这种情绪，应该时刻热情勃发，而这是不可能的。生活中人人都背负了太多的责任，都感叹活得好累，冠冕堂皇地说"生活压力好大"。实际压力多半源于我们的内心，是我们不懂得给自己减压，享受闲暇时光。习惯了长期忙碌地工作或学习后，突然到了一个假期，起初的兴奋过后，接着会对闲暇时间有些不适应，总觉得生活太无聊。看看那些静静躺在海滩晒太阳的人们，我们应该懂得，享受无聊是一种难得的心境，或许比你总是兢兢业业地工作更难得。因为它需要你具备平和的心态、长远的眼光，能够让自己的心安宁下来，然后你才会真正地享受它。

3. 发现看不到的时间

常常听到周围的人老是把"没有时间……"这一句话挂在嘴边。有些人为了争取更多的时间，甚至削减自己的睡眠时间。以长远的眼光来看，缩短睡眠时间将在效率方面带来负面的作用。与其这样做，不如重估一下自己使用时间的方法，提醒各位职场同仁，不妨书写一下自己的行动记录，即记下几点几分到几点几分做了些什么。以办公室来说，全体职员都使用"时间分析单"，即以每 6 分钟为一单位，记录各自的工作。实际做这种记录的时候，你会发现可以获得许多的额外信息，对于提高工作效率、有效地利用时间以及休息都非常有帮助。

善于抓住工作间隙或与人会面前后的空当时间，日积月累之后便是可观的几十、甚至几百小时，有效地运用这些时间很有用处。这类空当时间大致可分为前段空当时间、中段空当时间和后段空当时间 3 种。

前段空当时间一般是指与人约会、参加集会、出席会议、观看戏剧或运动竞赛等，应在约定时间前半小时到一小时之内到达目的地，而这段时间，就是所谓的"前段空当时间"。提前到达后，可到咖啡厅或其他安静的休闲场所，趁机处理一些工作上的事，系统整理笔记本里的文档、看看书、思考新方案等。活用零碎时间至少有 3 项好处：提早出门，万一遇到交通拥挤等情况时，仍能在约定时间前到达目的地，不会产生让对方空等的尴尬；提早到达目的地，心情会较为悠闲轻松，可以自在地利用前段空当时间做事。

后段空当时间则是指在预定时刻前完成某项工作而出现的空闲时间。比方说，与人会谈时，若言不及义、喋喋不休，再多的时间也浪费了，如能把握谈话要领，言谈简要切题，就可将预定的会议时间节省半小时到一小时，而节省下来的时间，就成为自己的时间，可自由有效地运用。

前、后段空当时间，都是在有意识的计划下产生的，而中段空当时间却往往是偶然发生的。许多人常因事情尚未告一段落，情绪不稳，以致白白浪费了中段空当时间。因此，现在建议管理者可运用这段时间作情绪上的调整，或思考新的构想等。

利用空当时间的实质是：不要让时间来支配你，而是做到你去支配时间。树立这种积极意识后，必能将时间作有效的计划分配，完成一些有意义的工作。在这方面，有以下方法可供参考。

并列运筹法。即在某项松散活动进行期间同时开展另一项活动。例如著名电影艺术家夏衍在看一部片子之前，先把影片说明书拿来，对故事梗概先做个了解，然后设想，假使这个本子叫我来编，我该怎样介绍人物，怎样介绍时代背景，怎样展开情节，怎样表现人物性格，心里打下一个腹稿。而在电影开演之后，他会一边进行艺术欣赏，一边进行学习。青年编辑王国忆，利用点滴时间勤奋学习多门外语，甚至碰到说话啰嗦的人就在心里思考着如何将此人的空话译成外语。辛勤付出自有收获，他熟练地掌握了 10 多门外语。

交叉轮作法。即借鉴农业耕作中交叉轮作以提高产量的方法，把一天的活动内容交错进行安排，以提高工作效率。人的大脑细胞长时间接受同一种信息刺激、长期持续同一个活动内容，会导致工作效率降低。如果将不同内容和方式的活动互相穿插起来，大脑中原有的兴奋被抑制后，其他部位会出现新的兴奋区，继而让我们重新焕发活力。为此，注意及时变换学习内容是必要的。例如，马克思写作时从来不是整天无休止地持续下去。当他写累了，就做一会儿数学演算题，或到户外散散步，或背诵一段莎士比亚剧本中的人物对话，或读一会儿巴尔扎克的名著，再或者和孩子们玩上一会儿，然后继续精力充沛地投入写作。

定期盘点法。仓库管理过程中，为了使货物摆放更有秩序需要定期进行盘点。为了使时间使用更趋合理，我们也需定期对时间进行盘点，盘点始于计划。外国时间利用专家指出，制订计划有两种情况：一种是漫不经心的，比如业余摄影爱好者捕捉了几个大有希望的镜头就匆忙冲洗，可结果往往使他沮丧；另一种是严肃认真的，如同专业摄影师，不但事前认真选择镜头，而且冲洗后还要仔细研究，经过剪接、曝光等一系列试验，从中选出几张最好的，再作加工，终于成为获奖照片。有了计划之后，就要盘点可以投入的时间，确定行事次序，规定完成的最后期限。每隔一段时间，对计划进行重新评价，对投入的时间进行盘点。

遇事三问法。这种方法的要旨是以尽可能少的时间办尽可能多的事情，从时间中节约时间。具体方法是，对除正当工作或学习内容以外的事情提出 3 个问题。一是能不能取消它？首先考虑做了这件事有多大价值，是否做了纯粹就是浪费时间，是否有助于自己的核心目标和职业生涯的发展。如果不做这些事也不会对工作产生根本影响，那么可以立刻

第五章 成功源于有效的时间管理

停止它。二是能不能与别的事情进行合并？就是把能够合并起来的事尽量合并起来办。三是能不能以别的事情或方式取代它？用费时少的办法代替费时多的办法而同样能达到目的，这才是上佳方案。德国化学家李比希有次去英国考察，到一家工厂参观绘画颜料"柏林蓝"的配制过程。他见工人们先用药水煮动物的血和皮，调制成"柏林蓝"的原料，然后把原料溶液放在铁锅里煮，用铁棍长时间搅拌，边搅边把铁锅捣得咔咔响。李比希觉得很奇怪，一个工头向他解释道："锅里的溶液在煮时，一定要用铁棍使劲搅动，声音越大说明'柏林蓝'的质量越好。"李比希不禁笑着跟他说："其实这样做完全没必要，你只要在'柏林蓝'原料里加点含铁的化合物就行了。你用铁棍使劲搅拌，无非是想把锅上的铁屑磨下来，使它与原料化合成'柏林蓝'。这样虽然能达到目的，但太费时啦！"工人们因为没有开动脑筋，未对工序的必要性多问几个为什么，所以无形中白白浪费了大把时间。由此看来，遇事三问，从而采取正确的工作方法，改变不科学的工作程序，实在是从时间中节约时间，从时间中找时间的妙法。

集中思维法。"用志不分，乃凝于神"。不管什么事情，必须集中精力专心一志才能做好。18世纪，法国启蒙思想家、《百科全书》的组织者和主编狄德罗，在每次开始动笔写作时，他的思想高度集中，有时甚至达到头脑发热的程度。由于他工作效率很高，从1746年正式接受编纂任务算起，至1780年发行最末一卷，在这30多年中，他不仅为《百科全书》承担了大量的组织、编辑、审校工作，而且亲自为该书的历史、哲学、伦理、美学，尤其是应用科学撰写了1000多篇文章和条文，监制了3000多幅插图。与此同时，他还在哲学理论、文艺批评、戏剧艺术以及小说创作方面留下了不少杰出的成果。

抓住最适点法。什么是学习最适点呢？主要由一个人每天的学习时间与学习收效的关系而定。在一天之内，花费了一小时的学习时间就有一定收效，花了两小时，就能学到更多的东西。但如果一天学 20 个小时，那么你就会筋疲力尽，收效甚微。并非不停用功就是好事，要经常琢磨一下你的效率系数到底高不高，因为有用功等于时间乘效率系数。经常开夜车，死拼时间，到夜半三更头昏眼花时还不睡觉，大脑的使用功率就快接近于零了，却还坚持写方案或做其他，能有效率吗？中外成功者运筹时间的诀窍就在于使自己一天的工作、学习尽量接近最佳适度点。

一箭双雕法。哲学家艾思奇，早年在日本留学时，除了钻研他最喜欢的哲学功课外，还抽空努力学习日文课程，即使手不释卷，他仍感到时间不够用。怎样才能提高学习效率，学到更多的知识呢？他创造了一种一箭双雕的读书方法。他买了一本日文版的《反杜林论》，一边学日文，一边学哲学，而后，又买了德文版的《反杜林论》。这样，哲学、日文、德文 3 个方面齐头并进，既把《反杜林论》这本书读透了，日文和德文同时也有了显著提高。凭着独特的时间利用技巧，他 24 岁就写出了脍炙人口的《大众哲学》，后来又著有《哲学与生活》这本影响颇深的哲学书。

按质用能法。俄国著名地理学家奥勃鲁契夫，他在时间利用上也很有独创性，他把自己的每个工作日的时间都分成"三天"。"第一天"是从早晨到下午 2 点，他认为这是最宝贵的时间，用来安排最重要的工作。"第二天"是从下午 2 点到晚上 6 点，在这段时间做比较轻松的工作，如写书评或做各种笔记等。"第三天"是从晚上 6 点到夜里 12 点，用来参加会议、看书等。奥勃鲁契夫的"按质用能法"启示我们，提高单位时间利用率，不应顾此失彼，而应以珍惜全部时间为前提。在学习和工作中，每个人都会有低效的时候。怎么度过它？任它消耗或者坐等高效时间的到来都不可取，而是要像奥勃鲁契夫那样按质用能，合理组织时间能量利用过程，做到既提高单位时间利用率，又最大限度地开

第五章　成功源于有效的时间管理

93

发时间能源。

"欲得必失法"。桥梁专家茅以升有个说法是"8不如2＋6"，意思是说，如果每天能从8小时中花2小时用于学习新知识或自我提高，那么"2＋6"的价值大于整个的"8"。1916年他考上清华大学后到美国康奈尔大学学习，一年后获硕士学位。然后他到匹兹堡桥梁公司当工人，工作的同时每天晚上去加利基理工学院夜校学习。1919年，他从夜校毕业，成为这个学校历史上第一个工学博士。茅老关于"8不如2＋6"的理论告诉我们一个运筹时间的哲理：学习没忘工作实践，工作实践是提高学习效率的风帆；工作实践中没忘学习，学习又是提高工作效率的翅膀。

提高单位时间利用率的方法还很多，诸如掌握自己的生物时钟，利用最佳时间法；转换工作学习内容，争取最佳效果法；掌握科学方法，取得最佳效率法；进行积极休息，赢得时间质量与数量的双重优势法等。

但是，没有远大的理想和明确的生活目标，即使你手里掌握着运筹时间、提高时间效率的尖端技术，也会让时间付之东流。

一位法国哲学家说过一句颇有哲理的话："实际上，大多数人的幸福或不幸，主要在于这10个或12个小时使用是否巧妙。（指工作、学习时间）"让我们学会巧妙运筹时间，向效率要时间吧！

4. 星期天上帝也不休息

忙碌紧张地工作了5天或6天，好不容易到了星期天，放松放松身心也是应该的。我们大多人的做法是疯狂睡觉，结果发现有时越睡越困乏。而疯狂英语创始人李阳是怎么做的呢？他给自己制订了严格的作息时间，星期天也要6点钟起床读英语。有天早上下着瓢泼大雨，但他疯狂朗读英语的决心和冲动却丝毫不被动摇！他让助手帮他撑伞，在雨中他激情慷慨地大声朗读英语。因为他深深知道：第一，他是全国亿万英语学习者的榜样，他要求别人做的，自己必须先做到。第二，拳不离手，曲不离口，多读一遍，语感就增加一分，英语学习的好坏取决于嘴巴动的次数。第三，要想成功就要做别人不愿意做的事。

在这方面，大科学家爱因斯坦也堪称典范。有一次，助手英费尔德问爱因斯坦："明天是星期天，我要不要来您这里工作？""为什么不来呢？""我想，星期天您可能要休息一下。"爱因斯坦哈哈大笑，说："星期天上帝也不休息的。"像爱因斯坦这样献身科研并取得了学术、事业上巨大建树的人，都是把星期天当成"学习日"、"工作日"、"科研日"的。

星期天虽然是属于个人支配的时间，但它像反射镜一样，可以照出一个人的内心世界及其对生活的态度。

被称为"革命意志坚强"的"无产阶级的战士"的孙炳文，便是一个勤于学习，连星期天也不放过的人。他曾在一本德文书籍卷首写道："自今日起，每日至少读此书10页，虽星期天不以废。炳文，世人有星期，汝独无！识之！"

著名昆虫学家蒲蛰龙，被誉为"南中国生物防治之父"。为进行害虫生物的防治研究工作，他长年跋山涉水，观察各种昆虫的生活习性，采集昆虫标本。即便星期天，只要不是特别恶劣的天气，他也要步行到越秀山或其他地方坚持研究。

1903年，在纽约的一次数学报告会上，轮到数学家科乐时，他不发一言地走上讲台，只是用粉笔在黑板上写了两道算式，一道是2的

67 次方减 1，另一道是 193707721×761838257287，两个算式的结果完全相同。台下的人看明白后，全场爆发出经久不息的掌声。这是为什么呢？因为科乐解决了 200 年来数学界一直没弄清的问题，即 2 的 67 次方减 1 的结果是不是质数。现在，科乐当着所有学界同仁的面，无声地证明了结果是合数。当有人问他为此花了多少时间，科乐回答说："3 年的全部星期天！"科乐只做了一个简短的无声的报告，可这是他花了 3 年中全部星期天的时间，才得出的结论。在这简单算式中所蕴含的勇气、毅力和努力，比洋洋洒洒的万言报告更具魅力。

工作日大家几乎是一样忙碌与工作，甚至晚上加班加点，比拼业余时间的人为数不少。但许多人却在周末完全松懈下来，认为自己应该好好休息或娱乐、放松一下。而且看着他人都在外面享受生活，自己岂能按捺得住？于是忍不住找个地方东游西逛。当然，所谓抓紧时间用于工作并非说不能出门。相反，现今职场的不少工作是需要迈出大门，通过与人交往完成的。如果既能在途中使自己身心得到放松，同时又使自己的工作产生了必要的价值，达到了两全其美的双赢效果，当然是最好的。那么我们应该在星期天为自己做哪些规划呢？

第一，制定好自己的时间方案。也许很多人觉得好不容易到了周末，难道就不能稍微地放松一下么？还要做什么方案！其实事实上这样做是很有必要的。的确，我们需要休息，但同时也绝不能浪费了自己生命的大好光阴。提前做好时间支配方案，能够很好地提醒我们每段时间需要做的事情，这样一来就可以有效地避免因为我们的懒散而失去大把的宝贵光阴，要知道把这些事件总和起来，你真的能做很多有意义的事情。

第二，抓紧零碎的分分秒秒。如果你在周末已经做出了外出的决定，那么临出门前为什么不为自己坐车旅途或在咖啡馆等待会面时所闲置的时间作打算呢？要知道如果我们可以把它们好好利用，真的可以收到不错的效果。你可以为自己准备一本喜欢的书，也可以把公司还没有处理完的少量文件装进包里，当我们把这种行动变成一种习惯，你就会发现，原来自己真的还能做那么多的事情。

第三，删繁从简，先把重要的事情做完。到了周末，也许你想做的事情真的很多，这时候就要学会对时间和事情进行分析，什么事情需要马上完成，什么事情并不是那么重要。当所有的事情被一一过滤以后，你就会感到庆幸，因为你真的已经知道自己该怎样做才不会被一些本来就没有必要的事情把时间掠夺走了。

地球每一天都没有因为某个周末而停止转动，也正是因为这个原因，我们的生活才会井然有序地进行下去。同样，作为一个人，如果你真的想为自己多争取一些时间做自己认为有意义的事情，实现更多的自我价值，那么从现在开始，就认真考虑和对待自己的星期天吧，相信它一定会给你带来更多意想不到的收获。

5. 把日常工作格式化

第五章　成功源于有效的时间管理

时间管理中，只要把日常工作格式化，就可以防止工作的错误与疏忽。为了使工作有效率地进行，最好把各种常规工作格式化，即把来自经验的诀窍格式化。这么做的话，不管在何时何地，任何人都可以采取最好的方法，在没有错误的情况下开始工作。这种工作格式化的思路和做法，在职场管理者和普通员工之间运用得较为普遍。不过格式化对高难度或者复杂的工作情况，则比较难以开展。

在日常工作中，有些管理者认为可以大幅度地活用格式化。实际

97

上，由于下属对业务不熟悉不明白，难免引起错误及疏忽，不仅限于专业工作，就是日常的工作也不能例外。例如，你在办公室忙于紧急事务，委托别人替你听电话，并要求记录下电话的内容。如果等你看到记录的内容后，不明白来电话者的意思，你就得去请教代劳者。类似的情况如果在一天里发生几次的话，你在时间管理上的损失就很惊人了。就算你能够责备代劳者，也无法解决问题。但是，假如事前你提醒代劳者注意一下记录电话的格式，那结果会是另外一种情况。在管理者的办公室里，从专业的审查书类的写法，到电话的应答、邮件的处理等日常业务，都有规范的格式要求，而且全部的工作人员都应懂得其中的诀窍。每当有新职员进入公司，都必须弄懂所谓的"格式"。在决定格式之际，有一件事必须特别注意，那就是不能一开始就期待完整。不管期待如何的完整，仍然会发生意外的事情。因此，必须在这种情形下规定格式，经过实际运用后，再不断地添加内容。

在格式规定上，不妨添加进一些平常不易注意到的细节信息。比如，对于某类要出门去办的事，在格式上可以做出以下备注：走哪条路线最近，大约需要多少时间，哪个时段乘车去比较不拥挤，哪个受理窗口服务态度比较好等。这些看似不重要的信息，对顺利、高效地办理事情效果非常好。有些时候，由于忽略了某个细节信息而导致白跑一趟的事情也会发生，那样的话岂不是对时间与精力的白白浪费？而若运用格式进行备忘的话，就如画出了一幅指示到达某个目的地的地图。为了让人看得明白，必须像地图上的标注那样进行详细说明。

另一方面，对于经常重复的工作，只要敢于怀疑，提出新的工作方法，就可以提高效率。很多人经常抱怨，上班所做的工作老是千篇一律，实在叫人提不起精神。依照上司的命令，遵照流程，我们大多人所从事的工作都是周而复始的，确实难以天天保持热情高涨。不过，对于重复性工作，只要不盲从一贯的做法，自己积极开动大脑想出一些新点子，工作也能够使你感到趣味盎然。

还有，除了凡是有一定工作经验的职场人，都应该清楚自己的精力能够集中到什么限度，才可以有针对性地提高效率。干劲十足当然是好事，然而一个人能够集中精力做事的时间总是有限度的。如果无视这一点，只一心一意地面对桌子坐着，仍然不能提高工作效率，反而会使它不断地降低。你应该清楚自己在哪些时间段最能够集中精力，然后将重点工作安排在这些时段，以便高效完成。

一般来说，一个人能够持续集中注意力做一件事的时间，平均约为90分钟。遵循此规律，学校的课堂时间，一部电影的放映时间都设定在90分钟左右。当然，电影比较特殊，单部时间长度一般超过90分钟。同时，根据工作内容和个人兴趣的不同，每个人能够集中精神的时间也存在差异。一个显而易见的道理，对自己感兴趣的事情，一般人都能做到集中精神两三个小时。反之，越是自己不感兴趣的东西便越不能对其全神贯注。无论兴趣的有无，人在工作时总难免受环境影响，比如窗外突然响起的剧烈噪声。

因此，我们要做的最重要的一件事，就是要学会从经验中找到自己的精力活跃曲线。如果你认为自己集中精神的限度为60分钟，那就全力投入于60分钟的工作。工作一小时后就休息一会儿，待精力适度恢复之后，再集中精神接着工作，这样，工作效率会在无形中得到提高。

6. 为翻身， 穷忙族需学会时间管理

前面提到过，穷忙族是职场中很常见且数量不小的一个群体。如果你恰好是其中一员，那么你首先需要克服的一大问题是忙，就是时间不

够用，这要求你在时间管理上做出努力。

电话不断在耳边响起，还有许多电话等着要打，备忘录上的许多事等着要办，办公桌的抽屉开了又关、关了又开，这是穷忙族忙碌的真实境况。有些人可能认为忙是好事，忙的时候时间过得很快，人感觉充实。然而当你像个陀螺般一开始转动就停不下来，事情总是忙不完，你是不是感到茫然？计划表上该完成的事经常不得不往后延迟；即便你效率再高，总有一些意外的、琐碎的小事来打断你；当被吩咐和计划的事情终于都忙完，你还来不及松口气的时候，一个新的任务又降临面前让人身心疲惫。穷忙族们想停下来，不想总是穷忙，然而身不由己。

为什么穷忙族会忙到这种程度呢？其中一大原因是效率低。聊天工具上一有动静马上聊几句，耳中带着耳机听音乐，这些都会影响工作效率。工作时就一心一意投入到工作中，最好不要时不时想着放松一下。

职场专业人士建议，穷忙族应该学会时间管理，学习调整心态和重新审视自我。穷忙让人时刻有一种空虚感和恐惧感，会对自己存在的价值产生怀疑，对自己越来越不认可。

学会时间管理是工作中很重要的环节，聪明的人总是懂得如何把握工作和休息的平衡。掌握适当的工作节奏、提高工作效率，就不再一味穷忙了。

那么，为了能从穷忙的漩涡里稍微脱身，穷忙族到底该如何学习并掌握时间管理之道？

首先，作为穷忙族的你问自己3个问题：①距离75岁，你知道自己的生命还有多少分钟吗？②你今天的时间花到哪里去了？③未来3年，包括职业、收入、家庭等方面，你想达到什么目标？你现在做的，与目标有多大关联？如果你从没问过自己上述3个问题，那么你该警觉，因为你的时间账户可能正亮着黄灯！

如果时间没有足够魅力吸引你上心的话，那么钱总该有吧？你肯定有查自己银行账户的时候。当你查看银行账户的存款数字时，你会进一步详细了解具体的收入和支出明细吗？而这个习惯，你会用到"时间账户"上吗？或许你没意识到，然而，时间的确比金钱更宝贵。

与巴菲特、郭台铭、李嘉诚相比，我们的银行存款就像撒哈拉沙漠的一粒沙子，微不足道。然而，他们一天拥有 24 小时，我们一天也是 24 小时。就这点来看，我们与巴菲特、郭台铭、李嘉诚是站在同一起跑线的。

那么，为什么他们即使忙也是富忙，而我们只能穷忙呢？因为他们懂得，在时间上"一分耕耘，一分收获"的时代早已过去。因为他们是赢家，在赢家的世界里，时间与成果的比例是一比无限大。而在输家的眼中，时间与成果的产出比是一比一，甚至更小。

穷忙族们大多没有富爸爸，不是含着金钥匙出生，也没有强大的人脉，那么我们唯一的致胜之道就是，让自己的时间像金钱一样，滚出正的"时间流"，不断制造出资产，而不是负债。

要脱离穷忙族，我们就要夺回时间主控权。以前时间管理强调的是计划事务列表，它用的是加法，即尽可能把所有事情填入有限的时间里，最后导致工作者感觉太累，且不知道为何而战，于是放弃管理时间。新的时间管理法则其重点则在于你想成为什么。你必须先明确：自己想成为什么样的人？然后确定优先顺序，做关键的事情，它采用的是减法思维。清楚了宗旨所在，接下来谈计划事务列表才有意义。

在你想成为什么思想指导下的计划事务列表分为 7 个步骤进行。

第一步：问自己"我最想成为什么人"。

用"我想成为一个×××"为主题开一个时间账户。具体方法是，想象一下你 70 岁生日的情景，写篇生日颂，写出自己这 70 年来最有成就与感到骄傲的事，这样便于了解自己内心真正的渴望。若一时想不出来，就在纸上以"我现在是……我有……我能够……"开头，凭直觉一口气认真写 5 分钟，中间不要思考太多。

第二步：列出你需要扮演的角色明细。

想想你现在在家庭、社会、工作、朋友等不同方面分别扮演着什么角色，如员工、母亲、女儿、姐姐、某社团成员、知心大姐等，通通写出来，然后把不喜欢的角色删掉，先从容易甩脱的开始。最后，留下 3 个你喜欢、能够做好且必须扮演好的角色。

第三步：制定两年内的主要目标。

确定上一步的角色后，现在思考，要做好这些角色，你需要在两年后达到什么样的目标？在未来一两年内，要做哪些事会对达成理想最有帮助？如"我要成为顶尖的业务员"、"我要建立起自己的忠诚客户群"等。再重复一遍，要把你最大的能量发挥在"你自己感觉愉快、比人家在行，且对自己生命远景影响最大"的事情上。

第四步：根据 SMART 法则权衡年度目标。

即具体的（Specific）、可以衡量的（Measurable）、可以达到的（Attainable）、可以证明和观察（Realistic）、必须具有明确的截止期限（Time - based）。

关于"具体的"，有人说"我将来要做一个伟大的人"，这就是一个不具体的目标。目标一定要是具体的，比如你想把英文学好，那么你就订一个目标，每天一定背 10 个单词、一篇文章。

"可以衡量的"是指任何一个目标都应有可以用来衡量目标完成情况的标准。比如你打算买房，看房之前心中有个预想，多少平方米，在几层，总价控制在多少，地段，有几间卧室，等等。有了这些明确的标准，你才能选到中意的房子。

可以说，制订的目标不能是幻想、白日梦，但太容易达到又没有挑战性。多年前美国有机构开展过一项成就动机实验，实验组织者邀请 15 个人参加一项套圈的游戏。在房间的一边墙壁上钉着一根木棒，每个人有几次机会将绳圈套到木棒上，离木棒的距离自行决定。结果，站得太近的人很容易就把绳圈套在木棒上，因为没有难度他们很快便对游戏失去了兴趣。另外一些人站得太远，总也套不进去，于是很快也泄气了，不想再挑战。仅有少数人比较聪明，选择离木棒的距离恰到好处，不但体会到了游戏的挑战性，而且从中获得了成就感。实验组织者解释，第三类人具有高度的成就动机，他们通常设定具挑战性但做得到的目标。

"相关的"要求目标的制订应该跟自己的生活、工作有一定的关联性。比如一名公司职员，整天考虑最多的不是如何尽力做好工作，努力提高工作业务能力，而是做着不切实际的明星梦，一天一天地白耗精力，对学习、工作没有热情，不思进取，最终会被企业所抛弃。

"基于时间的"要求任何目标的设定都必须考虑时间的限定。比如你确立了一个目标"我一定要拿到律师证书"，目标是很明确，可你打算一年内拿到，还是10年后才把证书拿到手？两者是有截然不同的区别的。

第五步：每周与自己约会一次。

这个说法似乎不好理解，其实指的是每周末用半小时做好下周计划并列出表格。这半小时就是你跟自己约会的时间，如果好好遵守，你会有全新的发现。

第六步：每天晚上作出回顾和总结。

每天工作全部结束前，总结今天在时间运用上的得失，并做好明日行程表以书面形式体现出来，记得留出弹性时间，别全填满。保持每天检视的习惯，你在时间应用上会变得更自律。

第七步：很好，正走在快速累积时间财富的正轨上。

时刻记得将热情维持下去，让你的时间管理持之以恒。如幻想自己将达到目标时的愉快感，或把大目标切割成几个小目标，这样就可提高

第五章 成功源于有效的时间管理

成功率，增加自我成就感。

综上分析可知，职场穷忙族要取得时间主控权，从穷忙中脱身，就应该清楚自己的目标。工作时经常对自己的时间进行必要的衡量和分析，检讨时间的效果，才能知道自己的时间是不是用在了最有效益的事情上了，是不是用在了最高报酬的事情上面。如果不是，就要调整自己的工作行程表。它要求我们自我操练，每天分析、检讨时间的运用。今天的反思，决定未来的成就。要想摆脱"穷忙"，就必须用自己的意志管理自己的时间，将盲目活动的时间控制在最小范围内，这样让时间由零星而集中，成为连续性的时间段，实现自己的理想和目标才有可能。

第六章　做好规划,赶走"岁月神偷"

　　时间是什么? 在科学家眼里,时间甚至比生命宝贵。人最宝贵的是生命,每个人的生命都只有一次。等到了垂垂老矣,生命时日无多那刻,我们都禁不住在内心问自己:我这辈子值吗? 我这一生的时间都花在哪里了呢? 多数人肯定希望在有生之年对自己干脆地说出一句"我这辈子活得值了",可惜多数人的人生都会存在缺憾,以致难以如愿。或许到那时,我们才真正醒悟:岁月恰恰是偷走时间最大的"岁月神偷"。为了减少缺憾,我们在青春年少的大好时光里,就应对人生做好规划,握紧时间的财富,将"岁月神偷"打倒在地。

1. 确认并优先考虑你的个人目标

前面谈论过制订人生目标的问题。我们知道了，首先明确的目标是关键，要明确地知道你想要什么。生活中无论人的能力、物品还是环境，都是可以变化的，但人生的时间是固定的。钱可以借，可以赊欠，但时间没法借，没法欠。真正能约束我们的是时间！如果为了实现自己的人生目标，一天须用 28 小时才能完成该做的事，那就要犯规。本节要探讨的则是，有了清晰的个人目标后，怎么让它与时间管理协调起来。

下面我们不妨看一个故事：

美国有一个男孩儿名字叫赖嘉，他出生在一个并不富裕的家庭。他的父母只读过小学，父亲是一名伐木工人。在他 4 岁时，父母带领全家迁往亚特兰大市。中学毕业后，赖嘉想上大学，他的家人大多不赞同，但赖嘉意志坚决，最后果真成为家中唯一进了大学的人。然而一年之后，他却因为贪玩导致功课不及格而被迫退学。接下来的 6 年时间里，他终日得过且过，处在浑浑噩噩之中，没有任何人生目标。他没有稳定工作，大多时候在一家效益不好的电台担任导播，有时也帮卡车卸货。

有一天，他看到一本书。这本书犹如黑夜里的一道亮光将他照醒，突然之间，他发现自己有着不平凡的能力，不应该让自己的人生如此庸庸碌碌。心灵上重获新生的赖嘉，开始了对自己人生目标的规划。

他的第一个目标是重返大学。然而由于功课放下的时间太久了，他的成绩已经很差了，以致连考两次都被墨瑟大学拒绝。第二次被拒绝之后，某天他走在校园，无意间碰到院长，他趁机向她剖明心志。院长被他恳切的言辞所打动，结果答应了他的请求，准许他入学。但同时对他有一个附加要求：他的各科平均成绩必须达到乙等，否则学校会再次让他退学。

赖嘉决心改头换面，抛弃过去的散漫、懒惰、拖沓，重拾信心，明确目标，以无畏的姿态，重新踏入校门。他每个季度在每门课上比同学们平均多进修 1/3 的学分。经过两年多的拼搏，赖嘉以优异的成绩获得了学士学位，紧接着他决心迈向更高的目标，终于取得了博士学位。后来，他在费城特尔市全美发展最迅速的教会担任牧师。

从赖嘉身上我们可以看到，一个人有目标才能有成就，目标能够激发我们的潜能，使人不断往高处走，也能够让我们最大限度地缩短与成功的距离，为自己赢得更多的时间和机遇。

一家跆拳道馆的墙壁上贴着一句巨大的标语："你的目标是黑带！"它对每个学员的提醒作用是显而易见的，让他们时刻明白自己经历如此艰苦的训练是为了什么。而在工作场合，却没有标语或他人可以时刻警醒我们，我们都是独自工作，于是很容易涣散，甚至有人终日坐在办公桌前，一年或几年下来却碌碌无为。为什么？因为我们做的都是毫无价值的工作，长期的工作中只做减法没做加法。而要想在工作上有所成就，就必须每天都做加法，每天让自己前进一点。

在你不明白自己在做什么以及应该做什么的时候，这种情形在所难免。你必须想清楚自己的目标，然后使其明确化、具体化，最好是把它们写出来。你最好将目标清晰地规划到这样的程度：即使告诉一个陌生人，使他客观地了解了你的情况，然后能就你是否已完成每个目标给出肯定的"是"或者"否"的答复。连自己都不清楚自己的目标是什么，你又该往哪个方向努力以及如何努力呢？

第六章 做好规划，赶走『岁月神偷』

一般来说，定义和展开一个明确目标的关键周期是 90 天，也就是一个季度。在这个季度里，如果你首先确立了非常明确的目标，那么等待你的或许是重大的可估量的改变。停下来花点时间，好好想想，你希望在接下来的 90 天里生活是什么样，月收入是多少，是否有提升的可能，身体健康怎样，与身边的、异地的朋友联系如何，与同事、领导人际关系怎么样……尽量考虑得详细些。越明确的勾画越会给接下来的日程计划提供清晰的思路。

　　飞机在飞行过程中，必须通过自动驾驶仪不断修正航线才能正确到达目的地，这与我们实现工作、人生目标的道理类似。每天都是新的一天，生命会有新的人和事出现，会有新的情况不断发生，因此我们应在大目标不变的前提下，根据实际调整自己的目标。列出计划表后，将它贴在墙上或书桌前方显眼的地方，在上面着重标明自己的赚钱目标，钱毕竟是对每个人最直接和持久的动力。每天记得看一遍自己的计划和目标，让赚钱的目标不断在大脑中强化。如此一来，即使生活中遭遇再大挫折，你也会咬紧牙关坚持。待坚持一段时期后，你会发现意识强化所起的作用非常大。这样做不是让你仅限于关注自己的目标，还更有助于让你忽视那些目标之外的事情。例如，如果你确定了月收入 1 万元的目标，就会让你放弃做那些每月只能挣 5000 元的事情。

　　如果你仍不明白如何树立明确目标，那就把制订目标作为你的首要目标。一辈子不清楚自己到底想要什么，就是对时间的巨大浪费。然而可惜的是，大多数人长久地沉迷于"我不知道做什么"的状态中。他们等着外力使自己目标明确，殊不知，自己的目标只有自己最清楚。一切在等着你动手，没有别的办法，它会一直等待，直到你下定决心。等待明确的目标就像一位雕塑家注视着一块大理石，等待里面的雕像可以抛开不需要的碎屑自动出现。不要指望目标会自动明确起来，拿起凿子动手吧！

2. 最能防止时间被偷的方法是学习

古人在学习上确实是我们学习的楷模，所谓"朝闻道，夕死可也"。这虽是古人的一句感叹，却道出了杰出人物对学习的态度：学习什么时候开始都不晚。

"闻鸡起舞"的成语故事大家应该不陌生。它说的是晋代爱国名将祖逖的故事。祖逖有一个要好的朋友叫刘琨。在西晋初期，他们一起在司州（今洛阳东北）做主簿，晚上两人睡在一张床上，常常谈论国家大事到深更半夜。一天深夜，他俩睡得正香，突然响起一阵鸡叫声，祖逖被惊醒了。他往窗外一看，天边挂着残月，东方尚未发白。祖逖不想睡了，他用脚踢踢刘琨。刘琨醒来揉揉眼睛，问是怎么回事。祖逖说："你听听，鸡都叫了，它在催我们起床了。"两个人于是翻身起来，拿下挂在墙壁上的剑，在屋外熹微的晨光下挥舞练起来。他们天天听到鸡叫就起床苦练武艺，研究兵法，终于都成为有名的将军。

生活中的许多人往往羡慕他人的成就，却难以静心抓住改变自己命运的方向盘。有些人抱怨工作太忙，生活压力太大，天天加班，根本没有时间学习；有些人抱怨年岁已大，现在想学什么都晚了。事实上，这些只是懒人的各种借口，生命永远不会拒绝一个勤奋学习的人。每个人的命运都把握在自己的手里，主宰命运的是我们自己。只要我们想改变自己的命运，什么时候开始学习都不晚，如果找借口，不行动，永远都不会有改变命运的机会。

想不付出努力获得真才实学，那是不可能的。古人有"头悬梁、锥

第六章 做好规划，赶走『岁月神偷』

刺骨"、"凿壁借光"的榜样，他们的所为，都是为了刺激自己保持清醒的头脑，抓紧时间学习。他们发奋、刻苦的精神深深激励了年幼时的我们，然而随着年岁增长，各种纷扰袭来，我们对学习的热情是否逐渐减淡了呢？

活到老，学到老。虽然这是一句朴素的老话，却在任何年代都不过时。无论出于何种目的，想考个好成绩，让自己成为知识渊博的人，当一名优秀写手，成为出色的企业家……都离不开学习。还有一句话是："黑发不知勤学早，白首方悔读书迟。"就笔者自己的感受来说，尚未到白发的年纪，已经深深后悔自己年幼时读书少了。

学习算得上是一生中唯一稳赚不赔的活动。学习的时候不用问"学它有什么用"，只要你用心学，钻研它、掌握它，早晚会派上用场的。有人会说，没兴趣我怎么学得好呢？其实所谓的"没兴趣"往往不过是借口而已，是你没有真正努力去学它造成的。并且，只要你愿意，什么时候开始学习都不晚，就怕从某刻开始竟然失去学习能力了。

2004 年，北京十大杰出青年之一的刘俊华，当 3 年前下决心把双语报站当做新的学习目标时，她已经 34 岁了。

当时她所在的 718 路公交车途经各大学府院校，乘车的外国人非常多。有一次，两名外国人上了她的车，她很礼貌地问："请问您二位到哪儿？"两位外国朋友叽哩哇啦地说了一大堆，她却一句没听懂。后来在懂外语的乘客帮助下，她才知道那两位外国朋友要到国际展览中心。这件事让刘俊华有些惭愧，她想到 2008 年北京要办奥运会了，到时会有更多的外国朋友来到北京，会有更多外国人乘坐公交车。她意识到自己必须学习英语，以便能够跟外国乘客沟通，于是下定决心自学英语。

说学就学，首先刘俊华狠下了一番功夫，把十几年前学过的中学英语知识重新捡起来。平时上班的时候，她兜里不是装着单词卡片，就是带着英语小册子，一有空就拿出来背。等她学到一定程度，感觉自己有把握的时候，她开始用双语报站。

刚开始用双语报站时，有一天，几个外国朋友到站后并没有下车，而是一直坐到了终点。当刘俊华报完最后一站时，他们齐声说："Good！，Good！"车上的乘客们也都为她鼓掌。

这让刘俊华非常感动，也很受鼓舞，从那以后她下定决心一定要把英语练得更好，要做到不仅可以用英语报站，还要用英语向乘客介绍沿途经过的颐和园等名胜古迹。接下来的4年多时间里，刘俊华从双语报站开始，到用英语作宣传介绍，再到后来用英文介绍沿途的文化古迹和风景名胜，得到了乘客的一致好评和夸赞。通过坚持不懈地学习，最终她获得了"北京十大杰出青年"的荣誉称号。

对于学习的经历，刘俊华最大的体会是：只要你确立一个目标，随时可以开始学习，下了决心马上去做。学习的动力来自于内心的需求，不用考虑你的年龄、学历、职业，任何时候都可以开始学习。当你投入进去的时候，你会发现越学越有乐趣，特别是当所学能有所用的时候。

成就永远属于珍惜时间、勤奋学习、持之以恒的人。因为勤于学习、发奋练习，安徒生从一个鞋匠的儿子成为童话王。凭着勤奋，罗曼罗兰获得了数年心血的结晶——《约翰克里斯朵夫》。靠着与时间的残酷搏斗，巴尔扎克为人类创造了宝贵的文学遗产——《人间喜剧》。同样由于勤奋、不放过一分一秒，爱迪生才创造了1000多项伟大的发明，爱因斯坦创立了震惊世界的《相对论》。从这些为人类创造了不朽精神文明的杰出人物身上，我们能够非常深刻地读懂时间的意义。即便没有成为伟大人物的天分和理想，我们仅为自己平凡的小目标，比如学好英语口语以便能跟外国朋友对话，在自己35岁前在京城安家立足，出得起一大笔钱带父母出国旅游等，我们也应该珍惜时间，发奋学习和进步。

战争年代，军事家彭雪枫也是惜时如金、热爱学习的代表。在戎马倥偬的岁月里，他将战斗的作风发挥在学习上。

他的两匹马驮着书报箱，里面放满书籍、报纸，不论行军作战多么紧张艰苦，他都坚持每日读书，常常手不释卷、挑灯夜读。为了有一个清静的读书之地，他把驻地小庙里的两间空房作为学习的"密室"，常常躲进去读书、写文章、修改演讲稿。

他读书欲望强烈，涉猎广泛，后人无法详查他究竟读了多少书。但仅通过阅读1941年9月到1942年6月期间他的所有家信，可知他读过和推荐给别人读的书达到40余本，内容涉及古今中外政治、军事、历史、哲学、文学等许多领域。

一代革命家在战火纷飞的年代尚且能做到如此热爱学习，生在大好时代的我们又有何借口不抓紧时间学习呢？虽然一部分80后已经青春不再，然而我们终归都属于年轻一代。作为年轻一代的我们，应抓紧时间，持之以恒，努力学习，扬帆起航。孔子曰："博学而笃志，切问而近思，仁在其中矣。"今天的我们，应谨记他的话，放飞自己的青春，用勤劳的汗水铺就未来的成功之路。也许我们已经输在起跑线上了，但是决不能再让自己输在终点。后天的勤奋可以弥补先天的不足，珍惜现在的每一刻，努力获取知识，使自己拥有亮丽的人生。

3. 心理建设是时间管理的前提

《大趋势》的作者约翰·艾兹彼特曾经说过这么一段话："我们正站在一个新的起点，两千年（即2000年）是重要的一年，象征着未来，是人们为之奋斗的里程碑。变化的速度加快，了解的事情增多，因而我们不得不重省自身，再悟自己的价值观和传统习惯。而这一切，都是个人所为，个人试图改变这个社会之前，首先要改变自己。"面对不断变幻的新形势，我们需要心理建设的过程。其实早在1905年，一位非常有名的哲学家威廉·詹姆斯就说过："我们这一代最伟大的革命就是发现，一个人可以由改变、调整内在的心态来改变外在的环境。"

所有的结果是由行动造成的，所有的行动都是思考的结果，所有的思考皆来自于你一念之间。因此，所有的改变是由自己的思考和意念来决定的。这里包括哪些东西呢？其一，欲望。你想把事情做好、将时间管理好的欲望是不是特别强烈？其二，决定。决定做或时间管理的目标是什么？要把时间管理好，你的目标价值、人生的方向很重要。其三，行动。时间管理首先是一种观念，其次是技巧，跟行为有一定差距，只有在实践中不断地加以练习，才能熟练掌握它。其四，决心。时间管理要的是一种决心。你必须下决心持续地学习，直到运用自如，把时间管理进行得非常好，能够达到自我的理想，建立自我的形象，进一步提升自我价值。每个人都应该把自己当成时间管理的门外汉，持续不断地在这方面加强学习。

如果你每天节省出两个小时，一个星期下来就比别人多了十几个小时，一年过完你就能节省出500多个小时，那么你个人的生产力就能提升至少25%。凡是有成就的人，或是业绩辉煌的企业，都会把主要时间用于自己的核心事务或核心产业，因为他们知道时间大于金钱，时间就是他们生活追寻的一种方向。

那么如何进行心理建设？

首先，具备自觉意识。 自己首先要觉醒，也就是将自己抽身出来，检查自己的思想，自己的动机，自己的过去，还有自己的先天条件，自己的行为、习惯，同时看清楚自己的社会倾向以及心理发展的轨迹。

其次，倾听心灵内在的声音。倾听自己内心深处的声音：这一辈子到底要的是什么？希望过的是一种什么样的生活？

再次，独立的意志是不可或缺的。你得明白，你的生命由你自己掌握，你必须有一种独立的意志力。

世界每天都在变化和更新，每天都会诞生新的事物，出现新的领导者，创造新的发明，开发新的市场，出版新的书籍，推出新的电视节目，上映新的电影等。你要做一个跟得上时代的人，与时代的呼吸保持同节奏。环境不会为你而改变，你唯有改变自己以适应环境。环境改变着人，而你也可以通过自己的努力反作用于环境。

人有追求快乐的选择与决定。那么怎样追求这种持久的改变呢？提高你的期待，目标要高，目光要远；抛开心理方面那些消极的因素，要有一种积极的、乐观的、热忱的信念；从现在开始，改变你的策略，即改变你做事情的方法。

至于改变策略，需要在时间、钱财、健康、情绪、人际关系5方面同时进行。

①**时间方面。**时间是实现一切目标的基础。锻炼身体、投资理财、维护人际关系都需要时间。所以善于运用、掌控时间是至关重要的。

②**钱财方面。**在这个社会里，要活得更好，需要工作，工作会得到报酬，所以如何理财，也很重要。

③**健康方面。**你的未来会不会很好，决定于你的身体健康状况，因此你要去关注身体健康。

④**情绪方面。**要学会改变情绪，因为新的事物、新的发展，会影响你的情绪。

⑤**人际关系方面。**未来的发展有一个群体协作的趋势，所以你要学会怎样去跟别人相处，要寻求一种策略。

善于改变，适时改变，才能引发生命内在的动力，让自己更快乐，得到成就感。要成就一件事情，一定要以目标为导向，才能够把事情做好。要把握现在，专注于今天，每一分、每一秒都要好好把握。心理建设是生命改变的前提，自然也是突破时间管理的基础。

4. 尽管去做，让时间管理更聚焦价值

工作让我们感到身上的压力与日俱增，一个主要的原因在于：我们工作的性质发生着越来越快速而巨大的变化。这种变化是我们自身的能力，以及我们为此所接受的名目繁多的培训都追赶不上的。

远古时代，人们工作与生活的界限并不分明。人们采果捕猎，钻石取火，唯一的工作就是努力获得生存的可能。到后来，耕田种地，挤牛奶，装箱搬运，乃至用机器加工工具，摆弄精密的工具，人们都是以自然而然的态度去完成的。他们知道哪些工作必须完成，哪些工作已经大功告成，哪些问题还悬而未决，一切都明明白白。而今，人们面临的大部分工作都不具备明确的边界。大多数人手头上堆积着许多事情要处理，即使搭上自己的下半辈子去苦苦地努力，也不可能把一切都做到尽善尽美。这点我们会深有同感吧？比如，这次会议能达到什么样的结果？这个培训计划是否如大家所期待？管理人员的解聘赔偿方案是否合理？手头正在起草的演讲稿是否能够鼓舞人心？即将召开的员工会议能否让员工们振奋不已？公司的重组计划是否行之有效？诸如此类，恰是我们工作中纠结之所在。

因而一个需要坚持的理念是——尽管去做。尽管去做（即 GTD 理念），是美国管理学专家戴维·艾伦提出的一种新的时间管理方法。其核心理念是将繁重超负荷的工作、生活方式变成无压力高效的时间管理

第六章 做好规划，赶走『岁月神偷』

系统，而实施得如何则在于，只有将你心中所想的所有的事情都写下来并且安排好下一步的计划，你才能够心无挂念，全力以赴地做好目前的工作，提高效率。

当然生活中不如意之事常八九，若遇上重大不顺心，比如突遭变故、飞来横祸等，我们自然难免心事重重。未解决的问题萦绕在心头，也便是"岁月神偷"最容易钻空子的时候。为了不致时间已过而事情未办造成自己懊悔，你要么先专门分出时间处理牵绊你的问题，要么战胜自己的意识，暂时忘了它。GTD 的流程便是，先将所有计划事项罗列出来，接着进行分类，确定下一步的处理方法。其中一点是，将所有悬而未决的事项统统纳入某个可控的管理体系中。GTD 理念认为，人生不安的最大根源不是我们事情太多，而是许多事情我们该做却没有做，或我们跟人承诺过却没有兑现，因而掌握 GTD 后我们可以学会的就是，将所有该做的事情都做到。

有些人整日事务缠身，却能够保持头脑清醒，做到轻松自如地控制眼前的一切。他们的生活和工作达到了一种美妙的境界，他们身上体现出的极高的效率、卓著的效果让人羡慕。如果运用 GTD 工具去实现这个目标呢？

以下是运用 GTD 工具处理文件时如何实现聚焦更高价值的一些方法。运用系统结构设计，将一般性事务归入一个系统记录，将需要集中精神、全力投入、花费大量精力的事务编入另外一个独立系统。对这个独立系统的事务抓住一切时间去做，第一时间就做，以保证重要的事情一定能完成。做某件重要事情感到累时，就切换到系统记录中另一个重要事务上。一旦某件事情处理完后，就把相应的记录删除。日常生活中、工作中总有些常规性的事情，只需依据经验去做就可以完成了。

提高时间使用率的最直接的方法之一，就是同时做两件事儿。一心不能二用，然而这种观念在这个极其讲求效率的时代显得比较简单化。

事实上，大约从开始能够记事儿起，我们的大脑就已经是很完美的多任务操作系统了——它对信息的处理能力并不比 windows 操作系统差。即便我们在很小的时候，也可以做到一边吃饭一边看电视。稍微观察一下周围人，你可以发现，他们经常是边看书边听音乐，两个聊得热火朝天的人却各有所思……

同时做好两件事情并不难，关键看你能否掌握两者之间的平衡。也就是说，如果两件事在难度和复杂程度上有所区分，那你就比较好办。比较适宜的搭配是，其中一件事情属于比较程序化的事务，技术含量不高，对脑力要求不高；另外一件事情也不需要大量脑力消耗。另外，两项事务应该都确实是值得你进行时间投资的。比如，在健身房跑步的同时戴着 MP3 听商务英语课程，便是同时做两件事：跑步锻炼身体，训练商务英语听力。

事实上，花时间去进行脑力活动是最值得的。所谓的脑力活动往往可以粗略地分为这样几个部分：输入信息（阅读、观察），处理信息（思考），输出信息（记录、写作、创作、分享、教授）。大多数情况下，思考往往是一个被动的过程（尽管通常人们认为更应该是一个主动的过程）——思考需要刺激，而最好的刺激，就是不停地输入信息。所以，在做一件机械的事情的时候——生活中有很多机械的事情是非做不可的——想办法做一些输入的行为吧。

第六章 做好规划，赶走『岁月神偷』

5. 二八时间管理法则

只要你稍微留意，便会发现日常生活中的一些有趣现象：我们看电视时，将 80% 的时间花在 20% 的节目上；外出吃饭，80% 的时候会前往 20% 的餐馆；书店 80% 的销量来自 20% 的书……在自然界，这个规律同样无处不在。空气中氮气占 78%，氧气及其他气体占 22%；人体的组成成分中水分占 78%，其他物质占 22%，等等。

隐藏在这些现象背后的便是经济学的经典理论之一：二八法则。二八法则又称帕累托定律，是 20 世纪初意大利统计学家、经济学家维尔弗莱多·帕累托提出的，他指出：在任何特定群体中，重要的因子通常只占少数，而不重要的因子则占多数，因此只要能控制具有重要性的少数因子即能控制全局。

这一法则被更多地用于经济领域。80% 的公司利润来自 20% 的重要客户，其余 20% 的利润则来自 80% 的普通客户，已成为商界众所周知的规律。犹太人称得上是美国最为富裕的一个群体。为什么？因为他们认为世界上许多事物都是按 78：22 的比率存在的，即二八法则。他们把这个法则应用于生存和发展，坚持把精力用在最见成效的地方。

将二八法则应用到时间管理上，它对我们的重要启示便是：工作或学习中 80% 的收获来自 20% 的时间，80% 的时间创造了 20% 的成果。因而我们应避免将时间花在琐碎的多数问题上，因为就算你花了 80% 的时间，你也只能取得 20% 的成效。所以，你应该将时间花于重要的少数问题上，因为掌握了这些重要的少数问题，你只需花 20% 的时间，即可取得 80% 的成效。有些人或许会对这种说法感到惊诧、怀疑，甚至沮丧，他们不敢相信自己花费 80% 的时间，却只创造了可怜的 20% 的工作成绩。但事实的确如此，规律是已得到无数次验证的。

要做到遵循二八时间管理法则，人们首先应该明确态度，再排定先后顺序，定出远期和近期目标，这些是时间管理法则的重要步骤。按照二八时间管理法则，拟定好人生方向，确定每天、每月、每年的行事日程，然后努力遵守。比如说，你通过观察发现自己一天精力最旺盛的时间段是在上午，那么你就把最重要的事安排在上午处理；而在一天中精力最差的时间段，你就可以去做些无关紧要的事。

要将二八法则与时间管理融合起来，首先要能分清事情的轻重缓急。但是要想达到这样的目标必须有可行的方法，首先你必须要做的就是重新审视自己的工作时间表。

你的时间表上列满了密密麻麻的事情，其中到底哪些是最有价值的呢？按顺序一件一件考虑，你做这件事，能得到什么回报呢？回报包括多个方面，大多价值是不能单纯以金钱的尺度去衡量的，比如在朋友遭遇感情打击时，及时跟他打一通长长的电话安慰他，比如花时间认真读完一篇触动心灵的文章，等等。感情投资是最有价值、最为长远的回报。虽然标准难以确定，你仍得耐心地进行甄别：哪些事情对你而言非常重要，去做它能得到丰厚的回报？哪些事情是阻碍你发展和进步的低价值的事情？经过筛选后，你会明白，哪些事情骗走了你大量宝贵的时间，创造的价值却很微小。那么你就要像清除衣橱里过时、廉价的旧衣服那样，毫不留情地将它们抛弃。

按照二八法则，不管你面临的事情有多少，你总是先做最重要的事情。如此坚持下去，你的人生才会逐渐朝着积极、向上的方向走去。平时养成一个好习惯，把自己认为最重要的事情列出来，并把它摆在第一位，提醒自己在第一时间以旺盛的精力去完成它。凡能成大事者，他们永远是先做最重要的事情，这是他们成功的最佳秘诀！

第六章 做好规划，赶走「岁月神偷」

20世纪初期美国第二大钢铁公司伯利恒钢铁公司迅速崛起的经过就是一个绝佳的例子。公司总裁查理斯·舒瓦普不知道如何提高自己和全公司的生产率，为公司的发展现状头痛不已。

有人建议他去请教公关和管理顾问艾维·利。艾维·利声称自己可以帮助他，而且只要用20分钟的时间。他把一张空白纸递给舒瓦普，说："请你写下你明天要做的6件最重要的事。"舒瓦普用了5分钟做完。艾维·利接着说："现在依照每件事对贵公司的重要性，把它们按顺序排列。"舒瓦普又花了 5 分钟做完。

然后艾维·利郑重其事地说："现在把这张纸放进你的口袋，明日早上你进办公室后，第一件事就是把它拿出来，然后看编号一的事情，不要看其他的事情，只看编号一的事。然后开始做这件事情，埋头在这件事情里面，直到把它完成为止。然后用同样的方式完成编号二的事情，然后是编号三，以此类推，直到下班为止。这一天过去，即使你只完成一两项事情，也不要担心。因为你完成了这一天最重要的事。"

艾维·利最后说："请你务必每一天都照这种方式去做。您刚才看见了，这样做只占用了你 10 分钟的时间，但它的价值不可估量。如果你认可这种方法的价值并深信不疑，那么就在你们公司的员工中推广开来。"

一个月之后，舒瓦普给艾维·利寄去一张 2.5 万美元的支票，同时附上一封信。在信中舒瓦普说，那是他一生中最有价值的一课。

听从艾维·利的建议，仅仅 5 年之后，伯利恒钢铁公司从当年默默无闻的小钢铁厂迅速一跃而成为世界上最大的独立钢铁公司。可见艾维·利提出的方法对小钢铁厂的崛起至关重要。这也验证了二八法则在时间管理上的巨大效用。

时间管理理念在工作中正被各类人群加以广泛推崇。在不懂得二八法则之前，我们饱受时间问题的困扰，对时间的运用存在太多盲点。毋庸置疑，时间管理是一种让人们能在最短的时间内获得最高的生活效率与生活质量的方法。将二八法则融入时间管理的过程之中，对自己以前在时间方面的混乱思维加以理清，从投入产出的角度对自己的时间花费行为做出全面、理性的分析，从中找出自己使用时间的误区，让自己从忙碌中解放出来，使自己能够在 20% 的时间里创造出 80% 的价值和成就，在 20% 的时间里带给自己 80% 的快乐。

6. 不要从公牛身上挤奶

只要稍微懂事的人都会知道，母牛身上才有奶可挤，从公牛身上挤奶，是一种很荒谬的错误。若有人真要从公牛身上挤奶，即便他花费再大的努力，结果也只是徒费力气。在时间管理上，我们也应知晓这个道理：在正确的时间做正确的事。在该做正确事情时不做，而做其他不值得的事，就是"从公牛身上挤奶"。

某些人忙得不可开交，看起来也是在拼命地工作，实际做的是无关紧要的事情，即便忙也等于浪费时间。心理学上将这种现象称为"逃避反应"，阐释起来就是，一件再平凡、乏味的事，当它能够阻碍人们去做自己不想做的事时，在人们眼里看起来也是有趣的。

"不要从公牛身上挤奶"，首先要求我们只做"正确的事情"。在探讨这个问题之前，我们最好将效率和效果两个名词区别开来，免得把效率和效果这两者混为一谈。效率着重指正确地去完成一个任务或做一件事情以及完成某件事情的过程，效果所涵盖的范围则广泛也重要得多。《有成效的管理者》一书的作者彼德·杜克对效率和效果两者的区别解释为：效率是指正确地做事，效果是指做正确的事。如果我们做的是不正确的事情，那么不管花多少时间去"正确地"做它，都达不到好的效果的。那么，怎样知道我们所做的事情是否是有效果的事情呢？一句话，一切有利于目标达成的事情都是有效果的事情。

前面一再强调过计划清单的重要性。现在，来仔细看看我们的计划清单，或说待办事项清单，审视一下，是否有些不必要的事被列入其中，你需要去删掉它们或者把它们交给更适当的人选处理。除此以外，

第六章 做好规划，赶走『岁月神偷』

"不要从公牛身上挤奶"还要求我们在工作时要小心以下陷阱：

第一，只愿做能带给我们当下满足感的事情。生命不是百米冲刺，而是一场马拉松，所以无论分析问题还是具体做某事时，眼光一定要长远，要看到 3 年、5 年、10 年甚至更久以后的结果和变化。有些事情现在做，也许让我们头皮发紧，提不起兴趣，比如详细的职业生涯规划、战略企划书等，但是它们最终会带给我们工作上的成就、乐趣和金钱。而如果一直仅乐于做能带给我们当下满足感的事情，我们的兴趣很快会减淡，热情会被掏空。

第二，拣容易的、一定能完成的事情做。这是常人的普遍做法。先做简单的、容易看到成就的，毕竟困难的事情解决起来费脑筋、费时间，需要操心。我们也喜欢看到事情完成后有结果，这能让我们获得成就感。通过前文我们了解到，如果在精力充沛时做无关紧要的工作，那么就是在浪费宝贵而且有限的时间。正确的做法是在一天结束之前，或感到有些疲倦时，再去做那些简单的事情，简单的工作就不会像大型计划般令人畏惧。

第三，太看重琐碎的事情。办公桌面脏了，不管什么时间马上拿着抹布去清理；看茶杯上的污垢不舒服，立刻拿到水龙头下认真清洗。不能说琐事不需处理，但完全没必要占用上班的大块时间。经验告诉我们，一件琐事通常会招致另一件琐事。经常做一些琐碎的事情的人，总是忙着处理小事，而导致从未接受重要或长期的工作。

第四，即便小事也要做得很完美。这是完美主义者的思维和做法，将完美主义运用在小事上会使我们忽略重要的事。一位管理学家曾经说过："最糟糕的时间管理，就是把根本不重要的事情做得非常好。"

第五，关键岗位人员肩负许多琐碎的工作。现实的工作场合中，大部分关键岗位人员，比如管理者、创意人等同时分担着过多的其他工作，比如负责下属的考勤、提成核算，创意人员还得开拓客户等。创意需要专门的时间和专注的态度，而一些琐碎的事情最容易打断好不容易想好的创意。

第六，低估工作所需时间。制订计划列表时，首先考虑的是主要工作。除此以外，还应把打电话、清理办公室、处理邮件等简单事情需要花费的时间计算在内。有时候，我们会被一些并不是真的很紧急的突发事件所耽搁。避免这种情况的方法是设定并遵守明确优先顺序。

第七，出现懈怠情绪。同一件工作做久了，或对难以解决的问题久攻不下，懈怠情绪便可能出现。这时我们可以站起身逛逛，和同事商量一下，花点时间看看别的事情，再回到原先的企划案上。

第八，被动追赶。我们总是被别人的进度苦苦追赶。曾经的世界级的长跑选手马克·艾伦，之前总是输给达福·史考特。经过一番思考后，他明白了重要的是走自己的路，保持自己的韵律节奏，不要受对手的影响。终于，艾伦打败了史考特，一再在世界赛事上拔得头筹。

第九，行动力最重要。制订计划固然意义重大，但若没有行动，光说不做，"雷声大雨点小"，那跟没有计划并无区别。有这样一个人，他的住所周围是一个杂草丛生的院子。很多年前他就准备对院子进行清理，连详细计划都列出来了。可是他光动口不动手，直到荒草沿着墙根蔓延，都爬上窗台了，他才不得不行动起来。

总结起来，"不从公牛身上挤奶"要求我们经常检视并尽可能做正确的事，这是节省和高效利用时间的重要思路。然而由于每个人在性格、学识、阅历、成长环境等方面存在差异，形成的思维方式也不相同，因而，同一件事让不同的人去做所产生的结果也不尽相同，有人是正确的，就有人会是错误的。如何尽量做到以正确的方式做正确的事？这需要我们具备犀利的判断力、高效的执行和控制能力，以及丰富的学识和经验，否则做出的便只能算自认为正确的事。

第六章 做好规划，赶走『岁月神偷』

7. 驾驭时间，只争朝夕

某日，富兰克林报社商店，一位顾客问道："小姐，请问这本书售价是多少？"

"哦，1美元。"

"1美元，还打折吗？"

"对不起先生，这是最低售价。"

顾客沉思片刻："请问富兰克林先生在吗？"

"是的他在，正在印刷室工作。"

"那么我想见见他"在顾客的一再要求下，店员只好将富兰克林请出来。

"请问富兰克林先生，这本书的最低售价是？"

"1美元25分。"富兰克林立即答道。

"刚刚店员告诉我是1美元。"顾客有些不满。

"是的，但我宁可给你1美元，也不想中断工作。"

"那么富兰克林先生，这本书到底多少钱？"

"1美元50分"

"怎么？"

"这是我现在能给出的最低售价。"

顾客无语，到柜台交了钱，默默地走出书店。

……

毋庸质疑，富兰克林用自己的言语和行动，给顾客上了一堂人生课。他想告诉对方：对于立志成功者而言，时间就是金钱。对于时间，我们只能珍惜，不能浪费。

古人说过："一日之计在于晨，一年之计在于春。"经过一个晚上的休息调整，早上是我们许多人精力最充沛的时刻，精神状态达到最佳。好的开始是成功的一半，把握好了早晨，接下去我们对一天要做的事情便满怀希望和信心。昨天已经过去，就算有什么不顺心的事情也不要让它影响到我们的心情，要将它告一段落。每天早上告诉自己：今天是崭新的一天，我会有不一样的收获。在每个早晨醒来的时候都要给自己一个这样的积极的心理暗示，对我们的工作和生活都是有很大帮助的。

假如一个人的寿命为 60 岁，那么他总共有 21900 天。生活中各部分所占用的时间分别为：睡觉 20 年（7300 天），吃饭 6 年（2190 天），穿衣和梳洗 5 年（1825 天），生病 1 年（365 天），打电话 1 年（365 天），照镜子 70 天，抹鼻涕 10 天。最后，只剩下 3935 天，即 10 年又 285 天，这是可以用来工作和学习以及做自己真正想做的事情的时间。那么，我们还有理由不珍惜大好时光吗？

如果只是知道"惜朝夕"，那你拥有的只是这一辈子；而如果你懂得"争朝夕"，那么你将感到，上天回馈给你的不仅仅是这辈子，甚至还有下辈子。因为你"争"了朝夕，不止一味享受人生，而是在生命的每一天都努力奋斗，结果你不仅获取了事业的成功，更可以通过自己的成功为他人创造福利，让自己的生命价值得以恒久地绽放光芒。这是更深层意义上的成功。

那些为人类进步作出卓越贡献的人，踩踏出的便是这样的人生轨迹。爱迪生走了，却留下了电灯照亮了全世界，也照亮了人类的未来。莎士比亚走了，留下了凝聚智慧的戏剧和十四行诗，让他的思想永远活在人们的脑海。居里夫人走了，留下了珍贵的镭元素和她那勇于进取的探索精神。贝多芬走了，留下了激情澎湃、震撼人心的交响乐章，代代流传。瞎子阿炳走了，"二泉映月"的悠扬琴声依然在后人耳边回响，感动着一颗颗寂寞的灵魂。李白走了，杜甫走了，他们写就的动人诗篇却永世留存。正是只争朝夕的精神让他们创造出了凡人达不到的成就，所以时至今日我们依然记得他们，感念他们的存在。可以说，他们活出了远不止一辈子的价值。

当然不可能人人都成为杰出的科学家或艺术家，但我们也应让自己的早晨的黄金时段发挥最大的价值，那么每天起床后的时间里应该怎么做呢？

可以使用喜欢的音乐叫醒自己按时起床。"起床困难户"们没有意识到，将每天赖床的时间累积起来，那可不就仅仅是几分几秒的事。喜欢的音乐可以让你愉快地醒来然后马上与床分离。有道是"一日之计在于晨"，在愉快的心情中醒过来，对这一天的工作有决定性的影响。不过对于许多遭受奔波之苦的上班族来说，早晨的起床仍旧是件痛苦的差事。

为了使自己在愉快的气氛中起床，可以尝试一些好办法。比如用MP3 或 MP4 录一两首自己喜欢的音乐，睡觉前放在床头，按下定时开关。早上到了起床时间，音乐会自动地播放出来，你就能在朦胧的梦境中听到音乐，很自然地清醒过来，心情愉快、舒适。对闹钟的声音深恶痛绝的人，即使枕头旁放置好几个闹钟仍然无济于事，那么完全可以尝试音乐催醒法。如果你是古典音乐迷，就录一首贝多芬的"命运交响曲"，当激昂的乐声响起来时，你的睡意立刻会飞到九霄云外去了。此种方法，也可当成睡眠学习法使用。例如学法律的人可录一段法律的资料，学外语的人，则可录一段外语教学的课程等。在参加资格考试时，若用这种方式，会获得良好的效果。

醒来后在被窝中将今天要做的事想一遍。醒来后从洗漱到吃早餐，再到走出家门的这一段时间，对于不少远距离的上班族来说是一天中最忙乱的时段。善于利用时间的人一般将这一段时间分割成两段使用，即从睡醒到掀开被窝下床为第一个阶段，从洗漱、吃早点到走出家门为第二个阶段。这样进行区分，是为了更好规划这段宝贵而紧张的时间。对第一段时间，醒来后你可以不用立刻下床，而是在被窝里，将当天预定要做的工作程序考虑一遍，或者思索及处理头天未了结的"尾巴"，等有了头绪时再下床。这种做法有两个好处：第一，早上醒来的第一时间周围环境是最宁静的，大脑是最清醒的，可以放松地思考。第二，在被窝里躺卧时，因为身体是完全放松、舒展的，思维也会非常活跃，容易产生灵感的火花。当工作中受到阻碍而一筹莫展时，不妨醒来时在被窝里思索，往往能意外地想出解决的办法。当然如果你的情况是，与其懒在被窝里，不如干脆下床，那样才会头脑清醒，思路敏捷，那你就赶紧爬起来吧。

利用早晨的时光跟孩子联络感情，这是针对比普通员工更加繁忙的管理者而言的。对忙碌的管理者来说，稍微磨蹭片刻，可能连吃早餐都顾不上。在处理好自己的个人事情后，赶紧利用这点宝贵的时间跟晚上很少见面的孩子联络下感情吧。这并不需要你特别花费时间，在你一面穿衣服、漱洗或者吃早饭的同时，可以跟孩子说说话、讲一个故事。身为管理者，大多数时间都在深夜才能回家，那时孩子都已经睡着了，根本没法跟他们接触。那就不妨活用早晨的时间；与孩子相处片刻，暂时忘记工作，放松心情，你会发现，并非只有奉献给工作的时间才是有价值的。

"早起的鸟儿有虫吃。"正如本节开头故事所讲的，也是我们学生时代经常挂在口头的一句话。如今这自然也可以作为我们在工作场合的座右铭。如果一个人每天坚持比别人早起床 1 小时，早 1 小时上班并进入工作状态的话，那么一段时期以后，他在工作上的进步和成绩自然是显著的。即便不那么早开始工作，用早到的时间随便干些什么，比如认真读完一份有质量的报纸，那也比别人抢先获得了有用信息，这无论对工作还是个人成长都大有帮助。除此以外，提早到达工作岗位，你便有充分的时间来决定当天的工作计划，有利于全天工作顺利地进行。

第七章　通过管理自己与时间做朋友

　　有人认为时间就是生命,是一个生命成长过程中的主宰;有人总感觉无所事事,觉得时间非常难熬,认为时间是敌人;有人总觉得一天、一月、一年甚至一生倏的一下就过去了,时间太快了,于是把时间视为神秘物;另外有人认为时间是可以为人所支配的,把时间当做奴隶。无论你属于哪种人,无论你把时间看做主宰、敌人,还是神秘物、奴隶,最关键的在于你会不会管理自己,你是否善于对自己的人生作出规划,包括对家庭、工作、健康、娱乐休闲、人际关系、理财和自我成长进行计划和协调。只有先管理好自己,才有可能管理好时间,与时间成为朋友。

1. 如何应对各种出其不意的打扰

身在办公室，我们主要的精力当然是在工作上。然而来自各方面的打扰无可避免，其中电话和来自上司、下属等的打扰则最为平常，以致有人抱怨难平。对待这样的打扰，有人全面出击来对付，有人消极地应付，也有人视而不见。全面出击的人终会被卷入其中，让自己疲劳不堪；消极应付和视而不见的人有可能错失良机或贻误大事。那么究竟怎样做才算是可取之道呢？无论怎么做，我们的目的都是，将被打扰的时间缩短，将其负面影响减至最少。

为了减少接听和拨打电话的干扰，我们需要运用以下艺术。

第一，事先约定，提前准备。跟你的客户提前沟通好打电话的时间，跟你的朋友、熟人、家人约定好上班时间尽量不打电话，这不是不近人情。这样可以避免你在全神贯注工作时被打断，或在电话急用时占线，或接不到该接的电话，从而减少时间的浪费。

第二，开场白简短而明确。工作之外，我们平常给人打电话大多出于联络感情需要，开场经常是几句或一段寒暄，比如"最近忙不忙啊"、"在哪里发财啊"、"与对象感情进展怎么样了"等。而在办公室场合就应该减少寒暄，尽量从工作角度出发，使用简短而明确的开场白。

比如在办公室里，你需要打电话给某位合作伙伴，不妨开门见山："您好，我是×××，我给你打电话是因为……"或"您好，我是×××，想就××事跟您……"如果接到陌生人来电，你可以说："您好！这里是×××。请问您有什么事需要帮忙吗？"或"好久没有收到你的消息了，请问有什么事需要帮忙吗？"等等。

第三，严格围绕主题，控制通话时间。打电话的时候，记得随手做记录，不管是自己的还是代接。以免挂掉电话后忘记了某些细节信息，而不得不重新联系。另外，还需要注意，谈话围绕同一个主题，提醒自己控制时间。有些人一拿起电话就开始喋喋不休，说着说着就偏离了主题。遇到这种情况，你不妨直言："我想您的时间也是有限的，请说重点部分好吗？""您看我们今天的讨论是不是先到此为止呢？"

这么做，即使一次电话省下的时间不过 2～3 分钟，但按照你每天接 10 个电话来算，一天下来就省了半小时，一个月就可以省出几个小时，这可是非常可观的一笔时间财富呀！

第四，对电话加以过滤。有些电话纯粹是"垃圾信息"，比如保险或其他各种商业名目的推销电话，你应该先看号码大致判断一下，再决定要不要接。在拒绝的时候做到有礼貌，不要给对象留下不良印象。

在工作中被上司、下属、平级同事打扰时，如何应对比较妥当？

首先，来自上司的打扰。来自上司的打扰最难控制也最难拒绝，一般的做法只有接受。如果你恰好身为一名管理者，最好时不时提醒自己，不要随意打扰下属。

有一位职员，每当被召唤来到上司办公室时，他都不忘顺手带上一件待完成的工作，如要写的工作报告、检查报告草案、等待阅读的资料等。这么做至少有 3 个好处，一来有效利用在一旁等待上司打电话或做决策的时间；二来可以提醒上司自己的工作也是非常忙的，希望他可以尽快结束对话让自己回到工作中；三来还可以让主管对自己勤恳的工作态度留下深刻印象。

时间管理不单单是一个如何利用时间的问题，里面也渗透了人际交往技巧、为人处世分寸等智慧。再说白点，若想成为时间管理的赢家，你则需要具备一些小小的智慧。

其次，来自下属的打扰。为使下属尽量少打扰你，建议你先考虑下列问题。

（1）你是不是立即回答下属的问话，使他们不至于认为他们必须亲自请示你才能获得回应？

（2）你是不是跟下属明确讲过，让他们可通过便条、邮件等方式提出问题，而不必亲自上门面见？

（3）你是否曾经训练你的助理，将下属的要求或疑问集中起来，然后每天下班前或每星期向你汇报一次？

（4）你是不是每天都确定一个固定时间，专供下属向你提问？

（5）你是不是尽可能地把集体例会列为每日或每周工作的一部分？

如果对以上5个问题你的答案都为肯定或肯定占多数，说明你是一个善于应付来自下属的干扰的管理者。对下属的提问、请求你处理得及时、妥当与否，会透露出你作为领导者的风度和时间意识。好的管理者善于将下属的时间与自己的有机协调起来，他们能做到尊重下属的时间，懂得尊重下属的时间就是尊重下属的人格。

再次，来自平级同事的打扰。对上司的打扰，你通常只能无奈地接受；对下属的打扰，你可以将他的打扰方式加以定型化。可是，要处理同事或同级人员的打扰，恐怕必须多花一点心思才行。以下是你应该牢记的一些要点：

第一，让对方认识到对你的打扰。热心对待同事的请求，积极协助团队成员，这些没错。但是，你应该让他们知道，因为他们的打扰你的工作效率会降低。

第二，自己做到不随意打扰他人。己所不欲，勿施于人。你不希望被经常打扰，别人也不喜欢。首先自己自觉做到，自己工作范围内的事情尽量自己完成。

第三，如果你经常被打扰而又无法控制这种局面，那么反思一下原因。是你不喜欢得罪他人？因为你喜欢参与每一件事？别人经常来询问你的意见，使你觉得自己很重要？你不善于结束他人的来访？你让别人习惯于经常咨询你的意见？你就是喜欢不断地和他人交谈？通过自问，找到混乱局面的根源，然后找出应对之策。

时间管理其实很简单，就是你得清楚自己应该做什么，不能做什么。在某个时刻，当你知道自己应该做这件事情并且必须完成它，那么你应该坚持按照自己的想法去做。当面临各种出其不意的干扰时，你仍要跟自己说"暂时完不成没关系，但今天该做的事我一定按计划做完"。那么多人之所以被各种意外的打扰搞得没有方向，就是因为他们不知道应该做什么，不应该做什么，或者即使明白也没有强迫自己照做。

2. 创造一天多于 24 小时的法则

从早上走进公司大门开始忙碌，直到傍晚下班时，猛一抬头，才发现窗外天色已黑。于是你不由得感叹，一天为什么过得这么快，还有好多事没有处理完呢。看到这段描写，你是否对这种经历很眼熟？在一天快结束时，你听到别人说"真希望一天能多几个小时"或者类似的话了吗？相信肯定有。

然而铁的事实是，我们每天有且仅有 24 小时。这么说吧，人和人怎样度过这 24 个小时是完全不同的，关键在于你使用的方式"。

然而，我们怎么让一天多于 24 小时呢？这可能吗？可以告诉你的是，我们不可能有多于 24 小时的实际时间，但可以通过一些实用的个人时间管理诀窍来创造。只要你愿意用心学习并揣摩，是能创造出一天多于 24 小时的感觉的。以下逐一为你介绍创造一天多于 24 小时法则。其中的方法，你可能想到过也可能没有。按照你认同的去做，你每天可能会多出 1 个小时、2 个小时、3 个小时，甚至更多时间来。这是个吸引人的话题，不是吗？若能全部遵循，你会发现手头的时间变得很宽裕，你的生活将得到改变。

一天多于 24 小时法则 1：改进你的睡眠

或许你不知道，有些人每晚只需睡 3 ~ 5 小时就完全够支撑白天的体力和精神，是不是很让人羡慕？但另外一些人必须睡够 9 小时以上才能感觉休息好了。这其中当然有遗传和环境的原因。但是想让我们每个人都减少睡眠，同时又不觉得疲倦依旧有办法可循。做法如下：

（1）**多阶段睡眠**。这是一位曾被称为"超人"的励志演说家提倡的一种方法，也叫达芬奇睡眠法。这个方法很简单，在一天内安排多个短时间睡眠，而不是一天只睡长长的一个晚上，即多阶段睡眠。建议你每隔 4 个小时小睡一次，一天睡 6 次，一次睡 30 ~ 40 分钟。你可以分别在凌晨 2 点、上午 10 点和下午 2 点、6 点、晚上 10 点设定闹钟，闹钟响了就起来，困了再睡觉，不困就别上床。这个办法每周可以为你节约 30 ~ 40 个小时。想想看，如果每星期你都能多出 30 ~ 40 个小时，你的生活会变得如何？当然这个办法不适用于一般人，毕竟充足、高质的睡眠是普通人生活中极其重要的一部分，也是一种享受。如果有人认为自己体力上适应得了这种独特的睡眠模式，那么不妨一试。

（2）**在卧室制造安静幽暗的氛围**。这有助于增强睡眠。很多人在光线亮、声音吵的情况下睡不好，白白耗费时间。如果你的周遭或邻居实在吵闹，建议试试空气净化器或者噪声发生器。采用较厚或者深色材料做窗帘，以减少或消除来自卧室外的光线。另外，将容易造成刺激的东西（比如电视、电脑）搬出卧室。

优化睡眠节约的时间约为 1.5 小时。

一天多于 24 小时法则 2：优化你的食谱

人体的消化和排泄所消耗的一个人的能量不少。饮食形式直接影响了人的精力，同时也影响睡眠时间。如果你某段时间暴饮暴食，导致身体急剧发胖，于是身体容易疲乏，需要更多睡眠。正常情况下你睡 8 小时足够了，然而发胖后却要睡 10 ~ 11 个小时。想想这样的生活，光睡眠一项就白白耗费了你生命中多少时光。优化食谱后你会发现，多吃蔬菜、水果和低油脂食物，你变得比肥胖时有精力，生活呈现出另外一种状态。如果继续改进你的食谱，那么你会在每一天的每个小时里改变你自己。

优化食谱节约的时间约为 0.5 小时。

一天多于 24 小时法则 3：多头工作并进

同时做多样工作，看起来似乎有难度。如果能同时做两件事，那一天下来就能做更多事情。但是这样做有没有坏处呢？如果你一边在路上开着车一边跟人打着电话，那么这可算不上多头工作的典型。将多头工作看成个人时间管理绝佳途径是要看场合、讲究方法、善于控制的。边打电话的同时可以进行不费脑的活动，比如擦桌子、整理内务、散步等。而写邮件、回复别人信件，或看电视显然是需要活动脑筋的活动，所以不适合在打电话时做。

还有一个很好的多线个人时间管理办法是，把锻炼身体融入平时的工作或生活中。比如早上慢慢跑到公交车站或地铁站，在上班前为自己创造了一个锻炼身体的机会。坐在桌前读书久了或者长期坐在电脑前之后，走到室外甩甩胳膊踢踢腿伸伸腰，乘车时能站着尽量站着——站比坐对身体健康有利，等等。

多头工作节约的时间约为 1 小时。

一天多于 24 小时法则 4：提高打字速度

这个时代我们离不开电脑，同时离不开的还有键盘。粗略估计，一般上班的人平均每天打字在两小时左右（这不包括财会、文员等有大量打字工作内容的职位）。无论发邮件、聊天、写备忘录，还是写报告、写书评、整理稿件，都需要通过键盘打字。

假设你目前每分钟能打 40 字，如果提高到每分钟 60 字，那么仅打字一项你就可以节约 33% 的时间，如再快一点提高到每分钟 80 字，那么你会节约出打字时间的一半。也就是说，每天能节约出半小时、45 分钟，甚至更多时间。这样下来，你算算 1 年、3 年、10 年（别说一辈子）下来，你能省下多少时间。那是相当可观的！然而现实中，能够实现快速盲打并且错误率极低的人并不多。所以，作为打字不快的我们，有必要每天花点时间（几分钟足矣）来提高打字速度。推荐一个打字软件 TypingMaster，它便于操作，可以设置为追踪你的实时打字，可以把你常漏掉的字词加入特别训练里，对加快你的打字速度很有帮助。

加快打字速度节约的时间约为 0.75 小时。

一天多于 24 小时法则 5：提高阅读速度

和加快打字速度同理，提高阅读速度同样会帮你提高效率和节约时间。阅读能力与我们的工作息息相关，浏览报告、读传真、看邮件、审稿、品味自己喜欢的书、看报纸，无论从事何种岗位，无论工作之内还是工作之外，我们每天花在阅读上的时间估计有一到两个小时。

一些长期读书看报的人阅读水平自然不低，然而，大多数人的阅读习惯不够好。比如，逐字逐句，阅读速度慢，为了某一个点而反复阅读，结果降低了阅读兴趣，还花费了大量时间。

为了提高阅读速度，增强阅读能力，建议你采取主动阅读态度。阅读水平低下的原因之一，是阅读时完全处于被动。只有处于主动状态下，大脑才更活跃，大脑活跃才更容易集中精力。我们可以通过记笔记达到这个目标，边读书边做标记，划出重点段落、标注精彩情节等。

提高阅读速度节约的时间约为 0.75 小时。

一天多于 24 小时法则 6：使用音频学习

一名小编辑打算业余时间多学习学习英语口语。她坚信使用音频教材确实可以增加时间。

使用音频也是多线工作的好例子。她每天都听几个小时的有声书或者有声博客。过去的一年她疯狂地听了大量的书，包括完整版的《My Life》和《The World is Flat》，这些书她永远没时间坐下来读。此外，她还通过有声博客"参加"了一些会议。

感谢 iPod 和其他一些 MP3 播放器，否则用音频学习就没这么容易了。这名小编辑喜欢做的一件事是，出去跑步的同时听一些有声博客或者有声书。她认为这对身体和头脑都是一个锻炼，她坚信今后几年是用音频学习的革命。人们的时间越来越少，读自己需要的信息会消耗更多的时间，而听是个绝好办法，会影响你的生活。

使用音频学习节约的时间约为 1.5 小时。

一天多于 24 小时法则 7：减少看电视的时间

2005 年的一份统计数据表明，我国华北地区人群用于看电视的时间是人均每天 195 分钟，其他地区人群的收视时间也在 2～3 小时之间。电视是我们身边最为常见的娱乐消遣方式，我们无须排斥它。一些有深度、知识性或思想性强的电视栏目很有必要一看，自己喜欢的娱乐节目当然也不妨看。但都要注意把握时间的度。

看电视的时间减半节约的时间约为，2 小时。

总之，只要你愿意总结和摸索，你会发现更多的让一天多于 24 小时的方法。当然你会有不同的看法，不过我希望能试验一下。时间是这个星球上最珍贵的东西，在一些方面节约时间那你就可以去做其他的事，那些对你最重要的，有目的的和感到高兴的事。如果大家都这么做，也许，会改变世界。

第七章 通过管理自己与时间做朋友

3. 精确计划工作时间

漫漫人生旅途，目标为我们前行的轨迹指明方向，否则就如黑夜中暗行，完全找不着北；也如茫茫大海中的行船，没有灯塔的指引靠不了岸。明确目标之后，接下来该做的是什么？就是计划如何达到目标。无论大的梦想还是小的目标，都是我们在时间之轴上挥洒而成的，因此，对实现目标的行动规划其实是对时间的计划问题。这里谈及的主要是工作目标或说职业目标。

关于如何制定目标并检查计划，我们已在前文进行过详细阐述。光有计划还不够，关键得看接下来的行动。行动是一件了不起的事，我们大家应记住：一是切实实行你的计划和创意，以便发挥它的价值，不管主意有多好，除非真正身体力行，否则永远没有收获。二是实行时心理要平静，估计困难、做好准备、及时调整。这里着重讨论的是把目标正确地分解成工作计划。

把目标正确地分解成工作计划，通过采取适当的步骤和方法，最终达成有效的结果，这是有计划、有组织地进行工作的指导思想。具体做法包括5点：第一，将有联系的工作进行分类整理；第二，将整理好的各类事务按流程或轻重缓急加以排列；第三，按排列顺序进行处理；第四，为制订上述方案，需要安排一个考虑的时间；第五，由于工作能够有计划地进行，自然也就能够看到这些工作应该按什么次序进行，哪些是可以同时进行的工作。

美国有位成功学家格林，他在给听众作演讲时，经常开玩笑地跟他们说，美国最大的快递公司——联邦快递实际是他发明的。他说的是事实。20 世纪 60 年代时，格林从事的是在全美各地为公司与公司之间做撮合工作，就是在一定时间期限内，将文件从一个地方送至另外一个地方，他每天都在紧张地赶截止日期。当时格林曾经想到，如果有一家公司，开展一种服务，将重要文件在 24 小时之内送到任何目的地，那该有多好！这想法在他脑海中驻留了好几年……一直到多年后，一位名叫弗列德·史密斯的人，真的把格林的想法转换为实际行动。而格林却是空想了多年，未付诸任何行动，那么联邦快递的巨大商业成功自然于他没有任何高兴可言。可见，成功地将一个好主意付诸实践，比在家空想出一千个好主意要有价值得多。

笔者曾听一位在食品公司工作的朋友讲述过一段工作经历。当时公司面临着新一代的低端袋装面上市。公司决定在一个月时间内，在全国分销商之间开展铺货竞赛，同时进行主打产品某牌干脆面的换卡促销活动。他的上司刘经理宣布完公司的决策之后跟所有下属说，本区域要争取做到最优秀。下面所有的业务代表都嘘声一片，认为那么短的时间里完成两项工作是不可能的。刘经理面带微笑地说："大家想不想在这次铺货竞赛中拿奖？"下属们异口同声地说："想。"刘经理应了声"好"，然后吩咐助理小李给所有下属每人发一份《夺奖计划时间安排表》。时间表上的具体安排如下：

早晨 6：00，小周和小刘到附近的早市去作展售。到达之前，公司的厢式货车和另两位住在附近的同事准备就位。

早晨 7：10，小周和小刘帮助司机布置好展售的工具后吃早餐。

早晨 7：30，迅速奔赴附近的小学开展换卡的宣传和卡片兑奖的活动。

早晨 7：50，赶回公司开早会，之后带上活动用的奖品、宣传品等以便拜访客户时用。

上午 8：30，奔赴各自区域，开展正常的业务拜访工作。

中午 11：20，和两位负责邻近区域的同事集中在某学校门口，开始搞活动。

中午 12：30，和两位同仁一起午餐，休息。

下午 1：30，和两位负责邻近区域的同事集中在第三所学校门口，开始搞活动。

下午 2：00，赶回各自区域，开始进行正常的业务拜访。

下午 4：30，赶到当天的第四所学校，开始活动。

晚上 6：00，回分公司交单，总结，开会。

同时，利用周六和周日的时间，财务人员配合 K/A（重点客户）组的同事积极到大型商场超市开展促销活动，而所有业务代表和仓管组的同事则联手开展社区展售活动。

经过周密的时间安排和工作推进，一个月时间下来，零售组 8 位业务代表和 K/A（重点客户）组 3 位业务代表，加上财务、仓管等其他人员的配合，终于出色完成了目标任务。在常规业务拜访之外，共计搞了 24 场商场促销活动，38 场集市和社区展售活动，115 场学校活动，高密度的地面宣传为新品铺货顺利打开了通路。最后到活动截止时间，刘经理在会上兴奋地告诉大家，本区域成功地获得全国铺货银奖。

由以上案例我们可看出，团队要想获得某个项目的成功，离不开严格的时间管理。一个好的管理者，不仅需要做好自身的时间管理，还需要对团队成员的时间进行规划和规范。规划团队成员的时间是指通过对团队工作内容的安排，提升团队的时间效率，使每一个团队成员的工作效率最大化。规范团队成员的时间则是指要求每个销售人员严格按照工作计划，在固定的时间拜访固定的客户，从而使客户形成接受拜访和订货的习惯。

4. 让时间在横向空间里扩张

"逝者如斯夫。"通常我们把时间比做流水，因为二者的确有诸多相似之处：永远向前流动，流走了便不可能回来；主要沿着一个方向或路径纵向流动，主要以长度而非宽度来计量。这就涉及本节要提出的"纵向"和"横向"两个时间维度。所谓"纵向"时间，就是时间从过去延续到现在直至将来，像单行道一般向前流动。而另一方面，在相同的时刻里时间在空间上向各个方向扩展，充满在世界各处，这就是"横向"时间。

"横向"时间拥有强大的扩张力，从我们每个人的周围到遥远的边际都被它充满。因此，如果我们善于将时间向横的方向推展，那么"纵向"上被限制的时间便会大幅度地扩张开来。这便是"横向"开发时间的一种策略。那么我们可以怎么做呢？

第一个方面，是积极挑战不同的世界。不同的世界并不就是指外国，也不只限于场所。诸如自己不知道或未曾到过的场所，自己涉猎不多的某些知识领域，自己听说但不了解的某个群体，性质完全不同的工作，行业完全不相关的人，未曾读过的书，未曾做过的游戏，第一次尝到的菜肴……这些都算是不同的世界。

跟不同的世界接触时得到的全新体验会给我们带来强烈的刺激。这种刺激就像一丝丝清爽的风，吹过平静的心，吹落蒙在眼上的翳障，它将让凝滞的时间重新活跃起来。同样的一个小时、一天将因此而灿烂，让人焕发活力与充实感。曾经受过挫折的人，不灰心，不沮丧，置身于另一个新天地，在那儿一切从头开始，最后，终于获得成功。像这种事情，在现实社会中经常发生。有些人为什么能够在新天地里成功发达呢？不只是靠意志和决心。在新天地里，旧时间流走，新时间开始。新时间使他们复生、改变，进而引导他们迈向成功。像这样，出现在新的场所，进行新的接触，品尝新的体验等，都能够扩张时间、开发时间。

第二个方面，是团队精神。如果能够好好运用"团队精神"这种专门技术，管理者所能活用的横向时间，便会飞跃性地扩张。在一个团队中，针对不同职位的人所采取时间管理方式不同，只有将团队成员的优势结合起来，团队效率才能获得整体提升。

江先生是某电信公司湖北分公司的一位营销总经理。以前他早晨是这样开展工作的：上班后打开电子信箱查看要做的工作事项，然后对工作事项进行分类。需要直接执行的，就在紧接而来的晨会上布置给对应的人；而不需直接执行的，他就先考虑一下，随后与老总商讨一番再作安排。

这些任务是当天一早或头天晚上北京营销总部下达的。根据传统的制度规定，一般是老总找营销总经理谈话，同时分派任务给他。在营销总经理与老总探讨的过程中，营销部门下面的员工只能是等待。就是说，早晨上班后，因为任务没安排下来，大家手头无事可做，于是谈谈天、说说地，完全没有进入状态。

而经过制度调整后，现在的情况是，江先生可以在得到上级指令后，立即开始制订具体计划，指派下属着手执行，然后再向老总汇报并作商讨。以前下属们的空白时段这下完全被利用起来了。时间就是从这些流程的细节中抠出来的。

要搞好团队时间管理，绝不是团队领导或成员都去读时间管理方面的书就可以做到，它靠的是团队绩效的整体推进。在团队或组织中，处于越高职位的管理者越应该注重对自身时间的管理。这不仅仅是因为管理层级受监控的环节更少，更在于管理层级要走出误区：时间管理是针对下属的，而不是自己。

时间作为一个无形的纽带将整个团队或组织联系在一起，计划是团队时间管理的衡量标尺。如果你在计划中仅仅提到"营销经理在出发前安排好业务员的时间"，但没有在计划中安排让业务员拿着一张"当日流程表"去照办，他还是有 60% 以上的可能忘记预先安排好的时间。这样的现象每天都发生在我们营销组织的各个层级。同时，在执行过程中采用一些工具是保证时间管理的有效手段。如果你想替自己和下属省时间，在执行中一定要准备一些工具性的东西，像刚才说的"当日流程表"就是，再比如一些市场分析工具或其他管理表格，这些日常性的管理工具能够帮助我们的管理者真正地在执行过程中有效地监控整个团队的时间利用的有效性。另外，应对迅速变化的环境，给灵活应变留出充足的时间，甚至是人力、物力上的资源，才能促使任务提前完成。

一个优秀的管理人员，在对团队进行时间管理时，一定要充分估计可能遇到的意外，并提前制订应变的计划或方案，同时预留解决问题的时间并预留一些可控资源。相对于资源的预留，时间预留可控性相对较弱。最佳的时间预留有两种方式：一是提前完成计划中可控部分；二是为整体计划做一定时间的预留。当然，这样的预留，一定是管理者的事情，而不是要告知团队整体人员的，这样可以避免你的下属在执行过程中有所依赖。时间、资源上在做计划之初就有所预留，最终能够让你的团队更具备灵活性，以提高团队对环境变化的应对能力。

第三个方面，善用时间工具。当今科技发达是可以利用的优势，尽量多采用便利的机器、工具，让时间横向扩张。如电话、复印机、电脑、传真机、微博、照片、视频等。越来越先进的工具会大大缩短纵向时间（钟表计时），像利用电话，就可以很快地跟不同的世界或相隔很远的人通话，利用复印机，就可以让更多的人同时阅读到拷贝的文件或信息，还可以做为开发横向时间的硬件设备。管理者应善用这些工具。

5. 不要无谓地浪费时间

口中嚷着"忙死了"、"没时间"，却经常把时间浪费在一些无意义的事情上，而本人却完全没有察觉到。这不仅是发生在管理者身上的事，也是普通职场人常有的感受。

我们经常把时间无谓地消耗在莫名的忧虑上。我们会担忧准备不足的事情，如考试演出、工作机会……我们担忧这些事情，是因为我们害怕自己会搞砸。搞砸的原因很多，但归根究底，最可能的、最直接的原因就是准备不充分。没有努力复习，没有努力准备，没有资料，没有经验，没有思想准备，没有投入足够的时间进行练习……那么既然我们准备不足，该怎么做呢？坐在地上紧皱眉头担忧？当然没有用啦！为了弥补因担忧而失去的时间，赶紧行动起来做准备吧。其次，我们改变不了的事情，如别人的看法，如自己天生的缺陷，常常也会成为我们忧虑的来源。其实我们都应明白，这个世界很多事实是你无法改变的。就像有的人天生就喜欢你一样，有的人天生就不喜欢你。不管你多么努力，多么投入地去讨好，不喜欢你的人就是不喜欢你。有时候根本都不是你的问题，就是气场不合。既然改变不了，为什么要去担心呢？担心就能改变了吗？改变不了就放掉它！享受时间，享受自己的生活。

在工作时间，私事有时会成为抢占我们时间的"强盗"。或许你的雇主非常通情达理，从不过多限制员工的自由，他只是希望你们自觉、主动履行自己的职责。或许同时，你性格活泼、开朗，跟你的一些朋友联系密切，他们经常在你工作之时拜访你，或是在你工作行将结束之时找你。更为常见的是，他们会经常在你工作之际打电话给你。事业成功者的身上不会出现这种情况。他们在工作时，是不理会旁人的打扰的，他们懂得将公私分开。一位年轻的市场助理一直得不到提拔，原因在于他妻子每天都在上班时间打电话给他，并且通话时间经常在一个小时以上。因而，在工作之时，最好跟你的亲朋好友保持足够距离，当然偶尔的紧急情况除外。若你有爱管闲事的朋友，不懂得尊重你的工作，你可以温和而坚定地告诉他，自己在"朝九晚五"这段时间内并非可以随心所欲。

当你正在数字或文字的"群山峻岭"中跋涉，几步之差就快登达顶峰之时，或你正在投入地做某件限时完成的工作，"铃铃铃……"的声音徒然响起，你不得不去接电话，于是思路被打断，整个工作进程也随之被打断。等接完电话，你得重拾刚才被打断的头绪才能再次投入进去。

人际交往是生活中不可缺少的一部分，热爱并善于交际是一个人身心健康、个性开朗的表现。除了可以倾心相谈的知己，另外拥有为数众多的其他朋友，交际脉络广泛，不仅是人生一大乐趣，'而且是成功人生的重要前提。但是，人际交往是要花时间的，我们应将时间放在值得交往的人身上。休闲、娱乐也是要的，人毕竟不是永动机，不可能永无休止地工作或学习，但也需适度。一个电视节目或电影你实在没从中看出乐趣来，何苦一定陪着别人看下去？并没有外人或外在力量强迫、控制你，你对时间的不可控完全败在你自己的不好意思说出口上。所以，为了不让时间被无谓地浪费，你除了具备精锐的时间意识，还须勇敢地战胜自己的惰性和所谓面子心理。

6. 善用集中统筹的策略

又是繁忙的一天，手头一大堆事情等着你处理，就某个选题联系撰稿作者，跟几家设计工作室继续沟通关于某本重点书的修改工作，作者已经交来的稿子要审读，等等。看着这些，你也想雄心勃勃地把它们在下班前统统干完，晚上好好放松一下，可结果经常并不如你所愿。这样的经历你肯定有过。

斯特莱特说："利用好时间对于我们是最重要的。一天的时间如果不好好规划一下，就会无目的地浪费掉，就会消失得无影无踪，而我们就会一事无成。"通过总结成功人士的经验可以发现，决定人生成功与失败的分界线就在于分配时间。有人问发明家托马斯·爱迪生世界上最重要的东西是什么，他的回答是"时间"。"时间，每天得到的都是24小时，可是一天的时间给勤勉的人带来智慧与力量，给懒散的人只能留下一片悔恨。"这是大文豪鲁迅说过的话。如果愿意静下心稍作思考，你会同意鲁迅的话。人生是由我们在世上拥有的有限时间构成的。我们都说生命宝贵，然而又常常浪费构成生命的时间。

有位在汽车公司工作的朋友，他负责华北地区的销售工作。刚接手时，他与所负责地区的汽车行经理还没建立业务往来，于是他每周花大量时间走访他们，目标是了解他们的需求，向他们介绍汽车，与他们拉近关系。

他第一次拜访车行的经理时，会花很多时间与目标客户闲聊与生意无关的事情，比如谈他的业余兴趣，谈他喜欢的高尔夫球等，目的是为全面了解对方。虽然这会花掉他大量的时间和精力，却是有价值的、必须的过程。一旦他与对方建立起了相互信赖的关系，那么便意味着在未来一年中将有许多订单从这位客户身上产生，而这是跟他自己的收入息息相关的。

但如果另一位朋友是一个讨厌高尔夫球的人，让他去陪同一位经理打高尔夫球，再谈上一个小时有关高尔夫球的话题，他肯定忍受不了这种折磨。那么对这位业务员来说，这一小时便属于浪费时间，既不能从精神上有所收获，也不会对业务有任何促进作用。

这是个非常典型的例子，或许有人不以为意。但事实确实如此，许多人在处理日常事务过程中，完全不考虑完成这个任务自己可以得到什么好处。他们以为每个任务都是一样的，只要时间被工作填得满满的，就表示我的时间发挥了价值，我为工作作了贡献。他们愿意做表面看来有趣的事情，而不理会不那么有趣的事情。

杰出人士是不会用这种方法对待时间的，他们必须用分清主次的办法来统筹时间。因为他们懂得如何才叫真正珍惜时间。计划时间是首要的工作，他们通过时间管理，将每一天、每一周，甚至每个月的时间进行有效地合理安排，做自己时间的主人。运用统筹方法进行时间管理，与一个人的逻辑能力、空间想象力、创造力和抽象思维能力有关。时间管理需要一定的训练，如果你没有准备好接受专门训练的话，你将不能成为一个优秀的时间管理者。

统筹方法的主要方针就是集中时间。以下介绍 4 种集中统筹时间的策略。

第一，培养"顺便思维"，并习惯它。"顺便也看看那个"、"到这儿来了，顺便跟他见个面"、"顺便也把这事查一下"，用这种方式来思考，就称做"顺便思维"。这种思维和做法可以促进时间集中化。

将所有待办事情一件一件单独处理，每件事情都重新起头的做法，

第七章 通过管理自己与时间做朋友

147

效率实在很差。有经验的管理者的做法是，若因工作需要到某地办事，他就把要办的相关的六七件事情整理出来，到时一起办理，这也是采用"顺便"的方式。公司要开一场全体大会，会议的开场时间比较久，那么你就趁等待的时间去公司楼下的书店看一会儿书，或到旁边的展厅看几眼个人画展，到附近的公司会会朋友。一有空闲，就把当时所看所想的写下来。如果这些事都一样一样分开来个别处理的话，光是花在交通上的时间，就不知道要多出多少了。办事情的前后，又浪费掉一些时间，而且还得多花一笔可观的交通费，实在很不划算。

第二，制订一个"时间集中日"。无论工作计划还是其他计划，都集中在某个特定的日子里完成。这是更进一步运用"顺便思维"，而且能更积极、更有计划地让时间加以集中利用的方法。当你确定某天要与某位特定的客户会面，那么你可在这一天中顺便将其他相关工作完成。

第三，将一天中的几件事通通连贯起来。这一点跟"顺便思维"不一样，它是一种在计划阶段就妥善安排时间的方法。例如，现在有开会、接待访客和制作文书3件事情需要完成。首先我们要将各项事件所需要的时间，以及准备的时间计算出来，然后将它们连续地安排在一起。有时候在安排时间计划表时，会将"对方是否方便"列入考虑。因此，往往会产生许多空闲时间和片段时间。一天中，或者是一个礼拜之内，有很多空闲时间的管理者在安排时间计划表的阶段时一定就有问题，在考虑如何活用空闲时间或片段时间之前，就该先考虑如何安排计划，才不会产生这些空闲时间。在这方面下功夫是非常必要的。

第四，不要浪费时间去做毫无意义的事情。让事情集中在特定日期一次完成。有意义或有价值的事情，当然可以每天持续地做。但是，如果像毫无目的地看电视这类事，或者晚上到外面喝酒等，就没有必要持续进行。最好选定某一天，彻底地大看一场，痛饮一番。各位管理者是否可以采取这种方式呢？相信这种方法可以让每天的日子产生起伏，对活用时间、改变心情、精神健康等也将有益。

时间集中化的专门技术，可以应用在各种事情上，就让管理者来想想这两项工作：①新闻记事的裁剪、分类以及粘贴；②印制资料的整理成套、装订以及放入信封中。先说第①项，把一篇报道剪下，然后分类，再贴在剪贴簿上算是完成。完成了一篇后，再去处理第二篇，等第二篇完成，再处理第三篇……像这样的做法，效率实在很低。碰到这种事，首先应该将想归集的全部剪下，然后再将它们分类。分完类后，就可以一块儿粘贴了。像这样，将每个步骤，分别集中完成，跟前一种方法比较起来，可节省 1/2 到 2/3 的时间。第②项的方法也是同样的。如果要按类别整理成套，就先将所有资料整理成套，之后，再做其他的步骤，这才是正确方法。

有一位交友甚广的大企业的董事长，每当到了岁末年尾时，便要赶场应酬，一连好几天都疲于奔命。这位董事长想，这种事情一定得解决，他终于想到了好点子。这个点子就是租借饭店的场地，开一个年末晚会，虽然需要增加若干开销，而且几乎大半都得自掏腰包，但这个方法却可以使所有的人齐聚一堂，他也只需要应酬一次，就全部解决了。这也属于时间集中化的专门技术。

综上分析，正确地统筹时间就等于合理安排时间，合理安排时间就等于节约时间。这其实是要求我们做到讲究用时的科学性、系统性，对时间进行有计划、有步骤地安排；让时间支配既符合身心发展的规律，又能发挥其最大的价值。

第七章　通过管理自己与时间做朋友

7. 采用优先事务系统

　　每天要处理的事情那么多，而时间却是有限的，这就需要我们具有精细排定事务合理顺序的能力。接下来我们谈谈确立优先顺序的问题，然后说明怎样合理地确立优先顺序。有些人的思路是这样：将要做的所有事情分成 3 个等级，其中 10 件标为"一级优先"，10 件标上"二级优先"，还有 20 件是"三级优先"。这可算不上正确的优先顺序。

　　要想在这方面做得到位，首先你得明白，如果我只能做这张清单中的唯一一件事，那么会是哪一件？确定之后，你把这件事排在优先顺序的第一位。接着仔细审视清单其余的事项问自己：如果我只能做这张清单中的一件事，那么会是哪一件？接着再把这件事的优先序排在第二位。沿着这种方式，你继续问自己同样的问题，直到你的清单中的全部事项都确立好先后顺序。这是建立优先事务系统最好的方式。在执行过程中，不允许有两者并列的情况出现，对列表中的每一个事项都排定一个绝对明确的顺序。

　　假设有这样一个人，他目前的生活现状是：因为体重严重超标了要减肥，戒烟，挤出时间运动，在合理饮食上多花点时间。他将需要完成的这些事列在了清单上，然后问自己："如果我只能做这个清单中的一件事，那么会是哪一件？"答案必然是保持健康——合理饮食，运动，并且最好是戒烟。如果他不能做到这些，那么他的清单中的其他事项可能永远也不能开始！

　　然而，确立优先顺序并非一件容易事，这出于两个原因。第一，你对自己建立的优先事务管理系统以及各种事情的优先顺序是否合理，并不能 100% 地确定。

当施密特第一次遇见他的妻子克莱尔的时候，她在一家大的跨国银行工作。在那之后差不多 6 个月，她提到一件事："周五我们会进行年度考核。"之前她告诉过施密特那家银行的绩效管理体系，是基于网络平台的 360 度评估，每个人都会对另一个人进行评估，也同时被同事、上司和下属评估。"你的鉴定结果会是什么样呢？"他问妻子。妻子告诉他，她的谋生途径之一是定期举办为期 1～3 天的短期培训讲座。每次培训讲座结束后，她都会发放鉴定表单，让同事们填写，她因而总是在被鉴定。但对于施密特提出的"你的鉴定结果会是什么样"，她没有一个清晰的概念，因此她回答说不知道。施密特以为她在开玩笑，于是开始笑起来。但是妻子并没有笑，她说真的不知道她的鉴定结果会是什么，她不知道是否自己会被评为"达到预期"，还是"超出预期"。

那时施密特才意识到，原来大部分人都处在不知所措的窘境之中，他们不知道他们会怎样被评价，因为他们并不真正清楚他们的目标是什么。他们也不知道下面这个问题的答案是什么："当一年结束的时候，上司怎样才能知道我已经尽我所能地把工作做到最好了？而且不只是做得很好，是出类拔萃呢？"

对于你的工作来说，你也需要回答同样的问题，这需要你花时间对目标进行梳理，因为很多组织和上司似乎都喜欢给出模糊的目标，比如"让顾客满意"或者"在预算之内按时完成"。你只有自己多花心思去摸索，直到让这些抽象目标可以被量化的时候，你才算入门。这样，你确立起优先顺序来就会容易得多。可以这么说，只要你和你的上司对目标进行一些梳理，任何人都能做到这一点。

优先顺序确立起来很困难的第二个原因是，缺乏足够的缓冲地带。虽然并非每一件事情都是黑白分明的，但在确立优先顺序的过程中，可

第七章 通过管理自己与时间做朋友

以按照黑白分明的标准看待和处理事情。一件事要么比其他事情更重要，要么更不重要，没有中间情况，没有第三种选择。这样一个中间步骤有助于你确立优先顺序。

若要将优先事务管理系统很好地运用于工作和生活实际，你需要有一个正确的心态。首先不要太过追求完美，不要期望事事尽善尽美，有完美主义心理的人经常会有挫败感，容易活在各种压力的重负之下，难以感到轻松。要知道，学习时间管理是一个自我发现的进步过程。在这个过程中，你要学习很多关于自己的事情，仔细看看自己是如何安排每一天的生活的。你接受并初步使用优先事务管理系统一段时间之后，需要定期对自己的思维、行为、习惯作出一些微调。因此，你要经常准备接受改变，改造自己才能达到理想的未来。

第八章　在时间夹缝中寻找空间

工作日期间，我们窝在办公室的格子间似乎总有忙不完的事。为了完成任务，加班熬夜的事情时常有之。到周末或假日是否就可以完全放松呢？好像也未必。这么看来，我们的时间似乎总是安排得满满的。实际上，无论多忙的人，他的时间安排当中都存在各种夹缝。这些夹缝包括：我们可以通过改善自己的某些习惯或改正某种固有的错误思维，提高自己的学习或工作效率；做某件事时，我们做到最大程度的投入，在保证结果正确的前提下实现效率最大化；善于应付压力，不让压力干扰自己；对待来自外界的一些经常性干扰果断一点，使自己的时间属于自己；分得清事情的"紧急性"和"重要性"，能够按照轻重缓急处理事情。

1. 良好的习惯是一种个人竞争力

管理时间是一种心态，也是一种习惯，它是对事件的选择与规划，是一连串的"习惯"组合。做好时间管理的重要途径就在于养成好的习惯，包括工作、用餐、玩乐、休息、健身、教子等各方面。

习惯是什么？不就是我们每天在重复的那些琐碎而不起眼的小事么？做饭、吃饭、洗澡、睡觉、起床、上班，每天周而复始，有什么好值得讨论的？你肯定这么认为。然而你不知道的是，习惯的力量其实是惊人的。习惯对我们有着很大的影响，因为它在不知不觉中经年累月地影响着我们的行为，塑造着我们的生活，左右着我们的人生成败。一个人一天的全部行为中，大约只有5%是属于非习惯性的，而其中95%的行为都是源自习惯。即便偶尔打破了常规，一段时间之后还是会演变成为习惯性的行为。

播种一个行动，收获一种习惯；播种一种习惯，收获一种性格；播种一种性格，收获一种命运。这不是什么深奥的道理，几乎已成为人人皆知的普通生活哲理。习惯的力量是巨大的，它是成功不可或缺的催化剂；习惯的意义是宝贵的，它是人生无价的财富和资本。好的习惯能够让人立于不败之地，坏的习惯却可以把人从成功的神坛上拉下来。习惯的力量比理智更加持久，更加简便。理智在我们需要的时候，我们很少恭敬地请教过它，服从它的时候就更少了。而清晨起床后先喝一杯咖啡、刷牙的方式、上班的路上听收音机和傍晚收看电视新闻，这一切都是习惯。只有那些考虑如何养成良好的习惯并且不断地反复演练的人，才能利用习惯的这种无穷力量来发挥自己的潜能，并最终获得成功。

第一，**一个习惯既已养成，我们便难以与过去决裂。**旧习惯在我们生活中持续的惯性如此大。比如为了让腰部变得更苗条，你决心晚上最多吃七成饱，然而当可口的饭菜摆到面前，决心便被抛到脑后，不吃得感觉撑了不停下筷子。你决心每天至少看 20 页书，并及时回复重要联系人的邮件，但一天下来发现还是做不到，只好陷在下决心——放弃决心的自我失败的循环中。

第二，**拖延是一种不易克服的毛病。**习惯把事情积压到截止期限前才处理，但那个时候已经火烧屁股了，最后不但不能如期完成，仓促下的工作质量也常出现瑕疵。为什么会拖延？可能因为不懂得如何处理，或者时间不够，或者中途出意外导致无法顺利处理等。日复一日地拖延的结果，只会给自己造成循环危机。然而这种拖延所造成的慢性危险，会持续不断地扩大，最终令你后悔莫及。

第三，**拒绝例外。**"只发生过一次的事就像压根儿没有发生过。"这句话是带有欺骗性质的。你可以相信这句话，但最终这一次还是要算数的。我们允许发生这类意外的次数越多，就越难重新控制局势。"习惯"成自然。

因此，我们应该做的是尽力摆脱过去的羁绊，抵制被引诱以防重蹈覆辙。每天都努力和过去决裂、克服旧习惯，改变心中的模式。这样我们才能让习惯为成功助一臂之力，让它成为我们最好的帮手，而不是最大的绊脚石；让它推着我们前进，而不是拖累着直到失败。

现实中就有好多人因好习惯而功成名就，也有不少人因坏习惯而一事无成。下面列举了 7 种可以改变人生的好习惯。

习惯一：**每天花 10 分钟做计划。**"一日之计在于夜"，晚上抽出 10 分钟，想一想第二天该怎么安排时间会更有效率。记住花 1 分钟进行时间规划，可节省 6 分钟的执行时间。

习惯二：**形成惯例**。征求大家的意见，确定某个特定日子完成特定的任务并获得集体通过，这样有利于节省时间。程式化虽然难免刻板，却也为我们提供了自由发展的余地。例如，每次到家后你把钥匙放在某个固定位置，省得你出门前经常花费大量时间找钥匙。一周或一个月的某天或某个固定时间段去超市大购物，省得临时发现某样生活用品已用尽，然后大费周折才买到。每天早晨坚持读报，关于这点，个中好处非三言两语所能道尽。或者每个周六下午必须陪伴孩子一起度过，或是每星期四晚上跟爱人一起外出吃个浪漫晚餐，或者将星期日上午定为自己的健身时间。生活中的这些固定习惯能给你留出时间自由地做其他事，便是时间价值的体现之一。这些惯例能一定程度上简化你的生活，并使你的生活有条理。

习惯三：**列出检查清单**。为了不必总是每次去重新考虑该如何做，为经常重复的活动列出检查清单是非常有意义的。通过较小的投入就可以在最大限度上避免丢三落四，保证万事俱备。例如列一张旅行用品检查清单，目的是尽量避免漏带物品。把外出需带物品都一一记录在案，如准备药包：正露丸、头痛片、晕车药、胃药、消毒胶布，最重要的当然是要带上自己常吃的那些药了。你也可以为夏季休假离开办公室前应做的所有事项列一张检查清单。

习惯四：**"待办事项"清单和时间计划簿**。应准备一个"待办事项"清单，以备分析或查阅。"待办事项"清单是最简单、最常用的计划工具之一。它罗列了你在特定的某一天需要完成的任务。许多人将"待办事项"清单与每周或每月的计划结合起来使用，许多计划工具或电脑日历都设置有"待办事项"清单。这些清单可以让你按计划对任务进行随心所欲地分解。当你不知该做什么时，请不要感到紧张或是有压力，请你去查看你的"待办事项"清单和时间计划簿。把要做的工作写在上面，一项工作完成就可以把它划掉。

习惯五：文字书面化。请牢记"好记性不如烂笔头"。要养成把你所想的事物马上以书面形式记录下来的好习惯，特别是要把在个人和工作领域里要达成的目标书面化。这样做不仅仅是因为书面化能够使人的思维更加清晰、更有条理，还基于下列认识：把自己的目标书面化的人更有机会去实现它。

习惯六：保持体力，多运动。每天到室外呼吸一下新鲜空气，经常锻炼身体，这些活动可以预防疾病并舒缓身体的不适。正常情况，人们每天应走 15 公里，然而事实上，大多数人每天只行走 500～1000 米。请不要乘电梯或总是坐在椅子上，去爬楼梯或者经常出去散散步。不要总是开汽车，试着骑自行车去买面包。步行，是一种最自然、最有效、最安全的有氧健身方式，它可以增强你的体质，使你精力充沛地投入到工作中去。

习惯七：有针对性地使用媒介。良好习惯的养成首先意味着要弄清楚应该让哪些想法、电视节目、电影和网页接触到我们，哪些不能。有针对性地使用媒介，是指受众事先考虑好自己都想读些什么，或是想看哪些电视节目。在要看的节目结束后马上关上电视，而不是还继续坐在那里等着看下一档节目会是什么！

改变习惯即是改变行为，行为改变的基础是思想改变，需要的是思维方式的变革。时间是珍贵的资源，还是珍贵的日用品，更是生命的基础。没有时间，你什么事都做不成。除这些外，你还需要认识到自己人生的远景，要学习怎么去思考未来，然后才有行动，即习惯上的根本改变。

第八章 在时间夹缝中寻找空间

2. 达到精力与效率的双赢

我们一直在讨论时间管理的作用，实际上它更深层的意义不在于管理时间这件事本身，而是力求在精力与效率之间寻找平衡点。如何定位这个平衡点呢？就在无限趋近于精力最旺盛且效率最高的时刻。

在工作上我们最需要的是充沛的精力，以便高效率地完成应该完成的任务，让自己开心也让老板满意。常说的精力主要包含两个方面，一是体力，一是智力。生理决定心理，体力是智力的基础。但两者并不是直接、必然的正比例关系，体力好的时候智力未必很好，但体力不好的情况下，智力通常也好不起来。比如生了一场大病，身体虚弱得走路都费劲，食欲不振，脑袋里混沌不堪，针剂、药物在体内造成的不良反应让人浑身难受，甚至连看看书或思考点什么都不行，只能窝在屋里任生命"白白浪费"。看着别人生龙活虎，大步向前，情绪也好不到哪儿去，这更加抑制了大脑的活跃思维。

所以"精力最旺盛的时候"也就是指体力和智力同时最旺盛的时候，但这个时间并不是一个固定的时间点，通常来说它是精力最旺盛的时间段与智力最旺盛的时间段的交集。比如早上 7~8 点你体力最好，7~9点你精神最旺盛，因此早上 7~8 点就是你精力最好的时候。然而一个问题是，并非在精力最好的时间段里，我们就能将任何事情都做到最好。比如早上和半夜你都处于精力比较好的状态，但在夜里思考图书封面文案更容易激发你的灵感，在白天嘈杂的环境下则没有这么好的效果。

人发挥主观能动性可以调和调动自己的精力。意志坚强的人，即使身体状态再糟糕，体力再差，他也能做到不受影响，坚持学习或工作。

在做某件事情时，一般人对这件事的进度和完成它需要花多少时间都会有个预期。除可以短期、迅速解决的事情之外，对持续时间较长的事情，我们经常在进行到中期以后至彻底结束前的一段时间里，精力开始衰颓，因为新鲜感和激情往往只出现于最初阶段，加上中途困扰重重，让人难以看到最终结果，所以容易迷茫。而一旦迷茫就容易对所坚持事情的意义产生怀疑，信心动摇就会将精力往消极方向调整，反之，信心坚定则会把精力往积极方向调整。这不是唯心主义论调，很多时候，心理因素影响甚至能决定事情发展的好坏。也就是说，即使一个人处在精力最旺盛的时候，如果心态不好，也很难合理且高效地将精力发挥在正确的地方。精力就像一匹强健的赛马，如果骑士善于驾驭它，保持沉着冷静、有条不紊，那么马儿就能朝着正确的方向潇洒地飞奔；如果骑士是个生疏新手，上阵就手忙脚乱，那么只能任马儿在原地乱蹦，徒劳地消耗精力。

这就涉及效率的问题。效率不仅仅体现在做事情的速度上，还必须将正确性考虑在内。譬如说，小刚打 10 瓶酱油花了 1 小时，而同样的时间里小艳能打回 20 瓶，这么，小艳的办事效率比小刚高出一倍。然而等小艳把所有瓶子都打开，才发现里面装的都是醋，也就是说，虽然她效率高，可是做错了，反而达不到目的。方向错了，效率越高便越徒劳，浪费的时间也越多。除了提高效率以外，还得考虑是否适用。社会前行的节奏越来越快，每天只有 24 个小时，每个人的精力有限，所以越加讲求"好钢用在刀刃上"。我们的精力应该用在最有用的事情上。比如我一个小时能打 20 瓶酱油回来，瓶子里装的的确是酱油而不是醋。但我是为一家西餐厅打工，人家根本不用酱油，那我打那么多酱油回来有什么用呢？

因而，追求效率的时候，我们要考虑到很多因素，这需要个人具备大局观和前瞻意识。万事开头难，一开始的时候，常常会顾此失彼，在做完一件自己认为比较重要的事情后进行总结，会发现自己还存在这样那样的疏漏和遗憾，不过不要紧，"再来一次"。等越来越有经验，在开始动手实施以前就很清楚要考虑哪些因素，以及各个方面分别需要达到什么样的目标，你就会感到越来越驾轻就熟。

再回到对精力和效率两者平衡的讨论上。精力和效率分别是两条矩形纸条，交叉着叠在一起，要把它们立在一根针上，针立在桌子上，不能戳穿也不能用胶水，完全靠寻找平衡点。这估计只是理论上可行，而现实中很难做到。电视上曾播放过一个外国人垒石头的表演，他将很多未经打磨的鹅卵石一个一个地立着叠起来，居然能叠到六七层。虽然很不可思议，但他确实做到了，而诀窍便在于他非常准确地把握了每块石头与石头之间的平衡点。

一天 24 小时在那摆着，即便你再善于管理也不能变出第 25 个小时。人的精力总是有限的，累了就想睡觉。因此我们要想让自己的工作和生活变得轻松一点，就只能靠巧劲而不能蛮干。针对一份名为"您的时间够用吗？"的网络调查问卷结果统计发现，回答"平时很忙很累"的占 82.5%，回答"没多少精力做自己真正感兴趣的事情"的高达 96.25%，认为"也没什么时间享受生活"的占 88.75%，认为"个人成长不明显"的占 82.5%，"渴望改变现状"的达 98.75%，"但又对未来感到迷茫"的有 86.25%。可见繁忙是职场人普遍的现状和感觉，同时觉得自己在单位时间内没有发挥出应有的效率。一年时间飞快过去，然而到了年底总结，却又想不起这一年做过哪几件真正有意义的事情，这或许是大家的同感。

"吃不言，睡不语。"我们有这样的老话，说的便是不该干什么的时候就别干什么，透着中华民族自古以来独到的智慧。我们的精力是有限的，在做某件事的时候就应专注，生活中也要时刻谨记自己的目标与方向。只顾追求表面上的高效率，不断盲目加速，却忘记了生活与工作的重心，这种态度并不可取。只有既能适度利用精力，又能达到理想的效率，才能真正为自己赢得时间，为生活赢得平衡。

3. 既要专注，又要放得下

一个理念对我们的工作和生活是否真有帮助，还得通过实践加以检验。在理念的实践过程中，既要有专注的态度，也不要过于执著。对于时间管理理念在实际中的运用，我们也要坚持这样的策略。专注与放下，则是具体实施过程中最需要也是最难掌握的技能。

首先，我们要清楚做事时为什么要专注？从小长辈们就教导我们"一心不可二用"，除了那些确实有某些特异禀赋的人，大多数人是出于自命不凡，他们对这条道理表现得不屑，而想通过一心多用来证明自己超凡的智力。不过实际情况是，世界上真正能够做到一心多用而且将每件事都办得非常漂亮的人，是少之又少。

有些人天生眼高手低，总是喜欢同时做几件事情，而且每件都不是简单的小事。他们企图向人显示："你看我多年轻、精力多旺盛、头脑多发达。"结果呢？到最后没有一件事情真正能做好。摔了一跤又一跤，最后才痛定思痛，终于承认自己的大脑只能执行单独任务，跟那些天才是没法比的。这样，他们慢慢就懂得了专注的重要，培养自己一次只做一件事情，将其他不紧急不重要的事情暂时放入日程安排，以防由于自己的自负而重蹈覆辙、虚度光阴。所以，在同一时间做多件事对大多人来说并不现实，我们必须学会专注地对待一件事。

大脑是一个构造非常复杂的人体器官，直至目前人类对大脑远未达到透彻了解的地步。正因为大脑还有大量未被研究出的、尚未使用的空间，所以要想达到人类设想的人工智能目标还需要很长的时间。与计算机的运算和处理能力比起来，人类大脑的表现要逊色得多。计算机可以在一瞬之间执行并切换多个任务，并推动每个任务都继续执行，其所需时间之短、反应之迅捷，有时人类都无法察觉。但是计算机不是人脑，缺乏独立思考机制，它只能按照人类事先设置好的程序去执行已知任务，一旦遇到未知情况或者超出预定程序的情况时，它就只好罢工。而这方面恰恰是人类可以发挥主观能动性之处。人类可以不断改进大自然，在逆境中找到生存之道，计算机却不能。所以，人脑跟电脑是各有所长，对于这点，人类必须有清晰的认识。

经过从实际中得出的感悟，我们会发现，专注换来的是效率。前面提到，计算机具有人类不具备的强大瞬间处理能力，但是缺乏强大的自行思考机制。虽然人类不具备那样的效率，但可以做到专注。众所周知，很多取得了巨大事业成就的人，他们做事情的时候都是极其专注的。所谓"宁静致远"，人的思维只有在外界和内心环境都非常宁静的时候才会展开翅膀奋力飞翔，任何一点儿杂念或是外界的干扰都很可能会打断你的思路或者思考的效率。所以说，要想有效率就必须专注，要想专注就必须为自己创造两个条件，一是找一个安静的环境，另一个就是让自己的内心安静下来，也就是要抛开杂念。

那么如何做到抛开杂念？你必须懂得"放下"。

"放下"这个词似乎透露出一些禅的意味。人为什么要"拿得起"，又怎样做到"放得下"？没有谁能轻易说清楚吧。尤其"放下"这种心理行为，不仅一般人难以解释清楚，而且更难的是做到。开小差实际是心里"放不下"在行为上的具体表现。人类要想全部控制自己的主观意识基本是不可能的，意识最深层的潜意识往往在人不自觉的时刻显露出来。思想容易分散的人自然做不到专注，而这十之八九跟他不善于抑制自己的潜意识有关。

相信下面描述的情景很多人都有体会。明天就要走上考场了，今天晚上无论如何也要把主要知识点梳理一遍。但是看着看着，脑子里突然蹦出一个念头："《加勒比海盗4》下个月好像要上映了吧？到那个时候早考完了，我一定要玩个痛快！"接着马上想到明天要考试，于是又努力将注意力拉回来，用自己"正义的"主观意识来把"邪恶的"潜意识打压下去。过了一会儿，一个想法突然又冒出来："明天一早我去考场的路上千万不要坐错车。"……

潜意识是我们内心深处最本真、最自然的东西，我们无法控制它，更不应忽视它，因为潜意识所迸发出来的灵感往往会比主观意识要闪亮得多。但是又如何面对潜意识骚扰主观意识的现象呢？比较好的做法是合理利用、有效疏导。遇到像上述情况时不必自责，把这个想法记在自己常用的记事本上即可：下月10日查看《加勒比海盗4》上映的消息，然后继续专心复习。很多时候，人们之所以会反复念叨一件还没有发生的事情，主要因为这件事情是自己极为关注、看得很重要的，于是怕自己遗忘了，所以反复"背诵"，这是缺乏安全感的表现。

即使事先反复提醒自己，事到临头时还是难免遗忘，所以不要对自己的记忆力过于自信。如果让你回忆短期内，比如本周、本月或本年你自己经历过哪些印象深刻的事情，估计你随口可以说出十件八

第八章 在时间夹缝中寻找空间

件。但随着时间的推移，记忆会发生疏漏和偏差，你对曾经发生的事就没法记得那么准确、清晰了。另外，虽然人类大脑容量足够存下整个大英博物馆的所有信息，但那只是理论假设。实际情况是，随着年岁渐增，大脑的存储空间被占用得越来越多，剩下的空间就越来越少。也就是说，脑子记的事情越多，大脑对事情的处理能力就越低。鉴于此，为了让自己的生活和工作都显得有条理性，我们就应把需要处理的事情提前记录下来，并经常查阅。爱因斯坦之所以能成为物理学家和思想家，是因为他认为，自己的大脑是用来思考问题而不是用来记住一些常量的。

所以，充分合理地利用外部的信息存储设备很有必要，比如利用轻巧便利的便签本、笔记本电脑、手机记事本等，把现在想到但不需立即处理的事情一律记录下来，把注意力先集中于当前需要处理的事务即可。

既专注于某件事，又能将不相干因素全部放下，这并非很容易做到的事，但却是可以练出来的。若你想锻炼自己这方面的特质，首先必须理清思路，然后找到适合自己的办法。一个比较基本、简单的做法是：找一个静悄悄的角落，把其他所有想做但不必马上做的事情统统记到一张纸上，然后把心态调整平和，开始做当前最紧急、最重要的事情，直到完成它。

以上所说的不是"卖弄"想法，目的是希望每一位时间的有心人积极努力地将这些理念运用于实际，在这过程中你可以摸索出适合自己的方式，不断进步。

4. 学会应对外界的干扰

人类天生是群居动物。现实世界里，如果一个人被完全与周围的人和环境隔绝开来，他是没法生存下去的。除了好莱坞电影里能看到，现实中真正的孤胆英雄称得上罕见。原始社会都是部落聚居以求生存，一个人独来独往的话，连活命的可能性都微乎其微。即使到了现代社会，无论科技有多么进步、文明有多么发达，最基本的社会组织形式并没有发生变化，人与人之间的关系是一环扣一环，相互依存的。一个人哪怕再不合群，也不可能完全脱离众人独自生活一辈子。有时我们需要别人的帮助，而有的时候，别人也离不开我们帮忙。当我们需要老板发工资来让我们养家糊口的时候，老板也需要我们去帮助他使得生意越做越红火。因此，无论是在生活上还是工作上，我们都不可能各自独立地活着，尽管大多数人做自己的事情的时候很不愿意被别人打扰，但是没有办法，没有了相互之间的干扰便不叫人类社会了。即使心里再烦恼，再想尽千方百计，我们也无法完全隔绝别人的干扰。假如你彻底关闭了别人来干扰你的通道，也就隔断了你去了解别人的通道。而我们每个人都需要去了解别人，和环境进行沟通、互动。

道理容易理解，然而接受并做起来难。我们探讨的话题是时间管理，而外界干扰称得上是时间的"杀手"之一。各种不可预知的外界干扰对我们的工作和生活造成的消极影响不言而喻，不知不觉中我们被这些无形的干扰夺走了时间。为了让自己的正常工作和生活安排不被打乱，我们不得不学会应对外界的干扰。

面对外界的各种纷扰，首先要摆正心态。保持心平气和的心态，凡事不急不躁，从容处理各种棘手的问题。心态好与不好，一天之内的差别不会有多明显，但天长日久，因不同心态造成的不同结果便体现出来了。心态起伏不定的话，则有可能因为一时的变化而影响了对全局的掌控和把握。所以一定要有从容不迫的应变能力和豁达、宽广的心胸。

如何保持良好的心态呢？首先要正确地看待来自于外界的干扰。我们可以将外界的干扰看做变化的组成部分。宇宙间万事万物时刻都在发生着变化，有句话说，唯一不变的就是变化本身。实际上还有一样东西也是不变的，那就是我们潜意识中对"不变"的期待。一家店面的招牌突然重新装修了一遍，新鲜、时尚之感扑面而来，虽然我们或许不会进去，但它给我们带来的视觉新感受是我们乐于接受的。电视上的某个知名娱乐节目，过一段时间便会来一次改版，增加某个环节，或改变某个小环节的演播形式，或节目片头一年更新一次。之所以这么做，就是因为电视台清楚普通大众都有"喜新厌旧"的心理，也就是大家都喜欢看到变化。既然现实如此，生活中几乎没有什么是一成不变的，那么又何必奢望不变呢？如果面对一件事物，一开始就告诉自己它始终是会变的，那么当它真正发生变化的时候，由于有了心理准备，也就容易做到处变不惊了。如果你能做到处变不惊，那又怎么会有乱了阵脚的可能呢？

再回到时间管理话题上，无论我们在头天晚上还是当天早上对当天的时间做出计划，我们都不能指望这一天里发生的所有事情，完全按照自己预先的设想按部就班地进行。既然世界总是在不停地变化之中，那么提前设定刻板的时间安排有多大意义呢？所以，对于时间管理，当你看着安排好的时间列表，在大脑里告诉自己："这份计划肯定会有变化的。"当你事先有了心理准备，那么在真正遇到干扰和变化的时候，就不会显得慌乱和沮丧。

这不是说做时间计划不重要，只要装模作样列个日程表就够了。要明白的是，时间管理的重点不在时间而是事情的重要性。在进行时间规划的时候，要有意识地留出一些缓冲时间。

假设你 5 点下班，那么你最好在下午 4 点半之前把工作都安排完；晚上你是 10 点半上床睡觉，那么你把晚上要做的事情大致安排到 10 点左右。空出来的时间不是用来发呆、偷懒的，而是为了更好地应对可能出现的变化而留出的缓冲时间。假如你把工作项目安排到 5 点，从上午到下午全部满满当当的，看上去没有浪费一丁点儿时间。但是中间假如同事有事让你帮忙，或领导另外交代你一个任务，你晚上就得加班。假如你把晚上要做的事情安排到睡前一刻，那么只要中途出现什么意料不到的事，你就得拖到很晚才睡，导致第二天可能起床不及时。如果你真想做到这些，那么首先应该对自己的做事方式、习惯、思维以及工作效率有足够的自信和把握，否则很容易因时间失控造成该做的事都没完成。如果你不能在事务安排上给自己留出缓冲时间，那也不要紧，你可以把用于处理那些已经列在计划内但并不重要的事情的时间当做预备缓冲时段。但如果今天，即使你没有预先留出缓冲时间，也有条不紊地处理完了所有事情，包括那些不重要也不紧急的事情，那么恭喜，你交了好运了！然而，别高兴得太早，这样的好运气不是天天都会降临的。

来自外界的干扰分很多种，不是所有的干扰都能对我们造成严重影响，使我们更改既定的日程安排，我们也大可不必将所有的干扰都看做比自己的事情更重要。当然，有些干扰实际属于临时安排，我们难以拒绝。比如突然来了一位客户，需要老板亲自接待。老板让你协助他，帮他赶紧整理一份文件。这本来完全不在你的工作范畴之内，跟你一点儿关系都没有。但你毕竟是公司集体的一员，况且拒绝老板提出的工作上的要求并非聪明之举。类似于这样的事情，我们不能因为自己的日程早有安排而拒绝，相反，应该怀着开放的心态来接受，群众的眼睛是雪亮的，老板的眼睛也不那么模糊，个人的能力和潜质往往可以通过这些不起眼儿的小事得到更充分更有效地展示。然而，有的时候我们也得学会说不，比如你今天计划写这篇你认为非常重要的文章，那么下班时几位同事拉你一起去酒吧放松放松，你就要立场坚定、旗帜鲜明地对他们说："不……好意思，我晚上已经有安排了。"

对外界的干扰和变化，我们自身要学会灵活应对。其实经营自己的人生和经营一家公司没有什么本质的区别，成功的企业家个个都对趋势和变化非常敏感，甚至有令人惊奇的预知能力。如果一开始制订好一套商业模式和规范流程，然后一成不变、按部就班地执行，不容许有半点变化，那绝对不可能创造出一家成功甚至伟大的公司。

所以，在坚持自己原则的前提下，我们应该尽量将自己的工作和生活安排得有张有弛，过于刚性容易折断，过于弹性又容易松懈，因此想要规划好自己的时间真的不那么容易，值得我们继续深入探讨和实践。

5. 压力可以变成好朋友

时间犹如烈马，如果你怨天尤人，抱怨时间对你不公，那么你便被时间打败，成为时间的奴隶；如果你沉着淡定，努力寻求对策，那么便能轻松驾驭它，取得事业上的成功。差别只在于你对时间的总体认识以及具体而微的安排和利用情况。如果你的所思所为积极，那便说明你有与时间做朋友的潜质。

小柳今年30岁，某名牌大学硕士毕业，从事室内设计工作。每次接到重大设计任务时，她就担心不能按时完成任务，心里总是充满不安与焦虑。在开始着手工作之前她的这种心态尤甚，而一旦工作开始，全心投入后焦虑则有所缓解。工作中遇到其他不顺利时，她心里也难免焦急。由于担心干不好或干不完，她从早到晚全身心地投入到工作中去，连吃饭睡觉时也经常想着工作，结果造成食不甘味、寝不安神，这样反而因休息不好而降低了工作效率，身体健康也遭到了损害。她因长期精神紧张、思虑过度造成胃肠功能紊乱，这是压力导致的不良生理反应，也是对身体的伤害。她明白这些，也试图通过换个角度看问题来缓解压力和焦虑，但无济于事。

当我们像小柳一样，深陷压力的困境之中，该如何解决呢？首先，要全新转换角度，将压力看做是朋友。

国外早就有研究者对工作压力进行过研究，从压力的产生机制到对人身心的损害，以及有效应对策略等方面都有较多的成果。同时研究还发现，对压力本身及产生机制的确切认识，仍是应对压力的一个重要方面，正所谓"知己知彼，百战百胜"。在试着友好接受压力之前，需要正确理解它。若你能把它当做与你并肩奋斗的一个朋友，结果会有什么变化呢？你们将化敌为友，压力也不再是让你恐惧、困扰的事物，而会给你力量。而你也将不再时时为压力而烦恼，你会为有这样一个朋友而欣喜、感激它。你会想到，假如有一天世界上没有了压力，人类还会进步吗？所以，压力是我们身边一个不可或缺的朋友，它需要你的关注和接受。下面我们看看完全不同的情景。

设想一下，你在跟压力这个经常存在却不太被你喜欢的朋友进行一次坦诚对话。你能做到吗?

你说:"你让我好累,你明白吗?"

它说:"我明白,我其实一点也不轻松。"

"你让我时刻神经紧绷,让我睡不好觉,让我觉得生活总是沉重的,让我非常不快乐。"

"我本身并没有让你不开心,是你那一大堆工作让你不快乐的。我其实在帮你,在你面临挑战时让你有动力应对,使你出色地完成任务。你怎么能一味抱怨我呢?"

"你说的好像没错,但我仍是孤军奋战,真累。今天又忙了整整一天了,你也过得不轻松吧?"

"只要你愿意,我一直陪在你身边。但是你要记得爱惜身体,毕竟精力是有限的。"

"朋友都这么跟我说,我也想过得轻松些啊。"

"虽然我不是你们中的一分子,但我看到,很多人在独自一人时流下了各种滋味的泪。"

"要想成功必须付出不平凡的努力。要是努力能换来成就还好,可是现在却觉得成功离自己好远。"

"要是成功了,你还不幸福,你会去努力吗?"

"当然不会。"

"所以,假如为了事业,你变得不健康、不快乐,那太不划算了。其实你也可以边工作边快乐的。"

"能做到那样最好不过了,你能告诉我有哪些办法吗?"

"其实不用我教。只要你愿意,时时都可以快乐。你现在之所以不快乐,是因为你内心固执地认为自己不够优秀、没成就,你觉得没有成就就不该快乐,总在自我惩罚,于是总是不快乐。"

……

　　对话可以继续下去，因为已经有个良好的开端了。对话可以由一个或两个人进行，最好是有声的。有时候不仅可以和压力对话，还可以和你不喜欢的人对话，比如你的上司批评了你，你可以假装他坐在你对面，然后和他对话。如果你用心去做这件事，就会发现最终效果是缓和了自己的心理不平衡。

　　接下来，为什么要把压力变成好朋友？

　　一般人碰到压力时，最初的反应便是"迎击"，或者逃避。态度的不同是由各人的精神能量和体内对压力免疫的强度所决定的，即精神能量高、免疫系统机能强的人多采取"迎战"的态度；反之，另外一种人则倾向于逃避压力，以免损害身体中的健康防卫系统。但是最近的精神科学研究发现，对压力采取一种完全无反应、无视的态度，非常有助于维护身心健康。我们绝大多数人对自己属于哪类精神能量和压力免疫强度的人并不很清楚，如果盲目"迎战"或逃避，结果很可能会受到压力不同方式的伤害。应该注意，所说的"无反应、无视"不是指视而不见，而是学会跟压力和平共处后的降低防御姿态。当我们做到压力再大也能泰然处之时，工作效率自然会上升，生活中的困扰会在无形中消失，从而身心形成良性循环，不会出现各种不适的情况。

　　综上分析可知，当我们把压力看做一个有益的好朋友时，心态便会轻松、平和许多。试着和压力对话、聊天，聆听来自心灵的声音。长时间的忙碌让我们经常忽略了自我，忽略了自己真正的需要，取而代之的是"业绩"、"晋升"、"跳槽"等世俗压力。试着和压力做朋友，你会发现自己的另一面。与其说压力需要了解与尊重，不如说是我们自己需要了解和关爱，其实与压力对话也就是与本来的自己对话！

　　把压力看成是我们的朋友，不仅让我们深层次重新认识了压力，更

第八章　在时间夹缝中寻找空间

重要的是改变了我们与压力的关系。当你对压力有了充分的认识和理解后，你对自己的现状也会有一个全新的认识。每个人有每个人的活法，你可以选择自己喜欢的生活方式，让自己活在快乐中。同样，对于压力的处理你也可以有自己的风格，关键是找到适合自己的。所以，勇敢地去突破自己，哪怕有时觉得是异想天开。就像把压力当朋友这件事吧，生活不也是在意想不到中发生改变的吗？

6. 为减少时间被偷要学会说 "不"

手头有一大堆事等着处理，上司却认为另一项工作更紧急，从负责该项目的同事手中硬是分一些任务给你，这时你怎么办？晚上你正在电脑前苦思冥想，想将下午被领导提出修改意见的策划案写得更完善，然而这时，好久不见的大学同学突然打电话给你，说他出差来到了你所在的城市，邀你晚上好好聚聚，你如何答复他？还有，领导交给你一项任务，并指定要怎么做，你明显知道那是一个错误的命令，如果你照着执行的话将很耽误时间，但不执行的话又可能会破坏人际关系。这时，你该怎么办？

以上问题，不过是职场人平时遇到的形形色色问题中的几种。当遇到这些或类似的问题时，我们有何高招可以应对呢？

有人自然说，要学会并善于取舍。如果领导指示的事情的确超出了你现在的能力和控制范围，那你必须进行适当取舍。除此以外，寻求别人的帮助也是一个途径。或者把这个事情授权或委派其他人帮你去做。这些都是解决冲突比较实用的招数。

对于老板让你做事，你发现你的方法比他的更靠谱，你跟他说"老板你错了"，当然不行，那么怎么做才妥当呢？第一，明确老板的要求和想要的结果。如果老板自己说出来固然好，但一般老板不会明确说出自己的意图，这就需要你善于揣摩。接下来你可以不完全按照老板的意思做，只要最终达到了老板希望的结果，那才是关键。第二，你如果不用老板的方法去做，也应请老板给你提供相应的指点，这样才能达到老板所期望的结果。第三，你要感谢老板给你提供机会。在向老板做汇报的时候，你详细阐明结果如何，其中遇到了一些什么样的问题，你是如何具体处理的。礼貌上一定不要忘记跟老板说"谢谢"，这是人际上不可忽视的细节。这样既没有驳老板的面子，又很好地完成了任务。

郭冬临和买红妹曾演过一个小品，叫做《有事你说话》。里面的主人公是一个老好人的角色，谁拖他办事他都不好意思拒绝，以致街坊、熟人谁都跑上门来找他办事。如果他拒绝就会影响人际关系，如果全部答应那当然非常影响自己的工作。之所以使自己陷入两难的境地，就因为他不懂得说"不"。我们虽不是那样的老好人，但工作中碰到的两难事情也不少。我们如何巧妙地跟别人说"不"？

经常有人会为不知如何拒绝别人而感到烦恼，尤其是当自身处于一团糟的境地，别人偏偏向你发出请求，让你分不出时间和精力去应对又难以拒绝。你唯恐那个"不"字说出口，别人会怀疑你的能力，对你灰心；怕别人说你冷漠、自私，不高兴，以致破坏了你们好不容易维护起来的合作关系；害怕被讨厌、批评，因此而失去朋友，所以即使硬着头皮也要答应。

勉强答应别人一定是正确的吗？这样的结果是完满的吗？你肯定会感觉到，这样的事不仅让你感到疲惫，在这种状态下完成的事情也未必是令人满意的。既然明白这个道理，为什么还会一再"口是心非"地答应别人呢？

心理学研究显示，拒绝别人的能力与个人的自信程度紧密联系。缺乏自信和自尊的人常在内心里为拒绝别人而感到不安，而且潜意识中觉得别人的需求比自己的更重要。这与童年期的家庭影响密切相关，中国家庭一般教育孩子"我只有顺从和帮助别人，别人才会喜欢我"。

如果你认为只有通过取悦别人才能维护良好的人际关系，你的自我价值体现为需要依靠为别人做事来实现，那么你会很难拒绝别人。当这样一种交往模式形成习惯，你身边的人都希望你随时随地在他们身边，为他们服务。然而，你的不拒绝让你感到多么疲惫、压抑和烦躁，别人是不知道的。

因此，你要学会，不要等到你的能量耗尽时才采取行动。你得明白，学会委婉地拒绝同样可以赢得周围人对你的尊敬。好好学习以下几条拒绝人的技巧吧，然后勇敢跟人说"不"。

（1）**回应简单、明确**。如果你打算拒绝，应使用坚决而直接的语言向对方说明。尽量使用短语，如："感谢你看得起我，但现在不方便"，或"实在抱歉，我不能帮忙"。尝试用你的身体语言强调不，不需过分表示歉意。记住，你不是生下来为满足别人的。

（2）**答应前先三思**。不要急着回答"是"，多给自己一些时间思考。在空闲时考虑，你会更有信心地拒绝。

（3）**区分拒绝与排斥**。你说"不"是拒绝请求，而不是排斥这个人，你要向对方表明这个立场。作为请求的一方也会明白，你有拒绝的权利，就像是他们有权利要求帮助。

（4）**做回自己**。要明确什么是你真正想要的，更好地认识自己才能让自己更加自信。我们应该成全他人，但别忘了你最需要成全的，是你自己和所爱的人。这不是自私，而是分清本末。人只有活出自己的意义，才谈得上去为别人做些许事。

人生苦短，事务纷繁。何以应对？唯有抉择。个人精力和时间有限，不能不多加珍惜；值得投入时间的人和事也并非生活中的每一件，不能不有所遴选。对于不值得的，连分秒都不要浪费在上面。怕背负不近人情的恶名么？大可不必。君不见那些成就卓著的精英人物，有几个不是敢于大行己见的？俗世之人的嘴巴不过随风开合，对他们的非议、攻击完全可以无视。你若想活出自我，就得学会视流言飞语如无物。别做连自己也当得不舒服的"好人"，替自己设一道闸门，学会说"不"，让自己活得轻松点，更容易实现心中的向往。

7. 做好"紧急"和"重要"的两难选择

天天忙碌、奔波，你是否以为这样自己就会走向成功？一起领会时间管理法则的四象限分析法，它会让我们的时间产生更高的效能，工作不再是负担。成就高效的卓越管理者成功实践了时间管理法则的四象限工作法。

在传统的时间管理观念中，人们划分事情的优先级一般是单纯依据紧急程度一个因素。只要是被大家认为紧急的事情，就最先予以处理。这样导致了一种怪现象的出现：职场人尤其管理者，每天花大量时间处理那些"紧急"的事情。一眼看去大家天天都在"救火"，经常忙得焦头烂额，不少人从这种极度的繁忙中获得成就感。难道这种单纯的、一刻不停的忙碌真的为所有人喜欢吗？越忙碌就表示收获的越多吗？答案是不一定。对紧急的事情还可以从另外一些角度分出不同种类，重要的和不重要的，能创造长期价值的和不能的，可以马上做的和不用马上做的。

《高效能人士的七个习惯》的作者——管理学大师史蒂芬·柯维，根据"重要性"和"紧急性"两大因素，提出时间管理的"四象限"法。他根据重要性和紧急性两个不同的角度，将工作者的日常事务分为四类：第一类重要又紧急；第二类重要不紧急；第三类紧急不重要；第四类不重要也不紧急。下面对四个象限分别进行逐一说明。

第一象限：既重要又紧急的事。例如接待客户投诉、面对难缠的客户、即将到期却没完成的任务、短期财务危机、身体生病必须住院手术等。这类事情出现的原因有一部分是因缺乏有效的工作计划，使原本"重要但不紧急"的事转化成了这种事情。这是考验我们的经验、判断力的时刻，也是可以用心耕耘的园地。如果荒废了，我们很可能会变成行尸走肉。但我们也不能忘记，很多重要的事都是因为一拖再拖或事前准备不足，而变得迫在眉睫。

第二象限：重要但不紧急的事。如建立人脉网络、人员培训、制订防范措施、长期的规划、向上级提出问题处理的建议等。说它重要，是因为从长远看，这些事情无论对于集体还是我们个人的成长都有着积极意义。但这种积极意义眼下并不能体现出来，所以不紧急。忽视这个象限的事务，将可能导致第一象限的事务增多，使我们陷入更大的压力，以致最后疲于应付。反之，多投入一些时间在这个领域，做好事先的规划、准备与预防措施，很多紧急的事将可于无形中被避免。因为这些事的作用当前不可见，所以我们必须催促自己主动去做这些事。

第三象限：紧急不重要的事。上厕所、电话、会议、突来访客等都属于这一类。表面看有些事似乎是第一象限的，因为旁人或上司的观点和态度会让我们产生"这件事很重要"的错觉，实际上我们要看清，那是对别人而言，我们应有自己清晰的判断。如果花大量时间在这方面，那等于是将自己的时间贡献出来，去满足别人的期望与标准。

第四象限：不紧急也不重要的事。如阅读易使人上瘾的网络小说、看有悬念的电视剧、上网聊天、查看邮件、写网络博客等。这些事情作为休闲娱乐的部分，在时间非常闲散、工作任务不紧张的情况下适当做做倒不影响什么，但一定要注意适度。比如看某个专题新闻，点开链接后接着看到其他标题很新颖的同类报道，还要看评论，这么一路看下去，半小时、一小时不知不觉就流逝了。对其他在线娱乐活动，也要记得控制时间，不可将整晚时间都耗在上面。

按一般的处理顺序，我们理所当然地按照四个象限的排列顺序来处理大多数事情。现在，建议你回顾一下上周的生活与工作，你在哪个象限花的时间最多？特别注意，第一象限和第三象限比较容易混淆，区分时要仔细斟酌。有些一时急迫的事很容易被误认为也是重要的事。而区别两者的关键就在于，看这件事是否有助于促进某个重要目标的完成，如果不是，那就归入第三象限。

然而，经过大量调查后，史蒂芬·柯维发现，多数人都短视、急功近利，他们把时间主要花在第三、第四类事务上。把主要时间花在第一类事务上的人长期处于无限压力中，整天忙于收拾残局，应付危机。而把时间都花在第二类事务上的人，完成工作的时间比平均水平缩短了两小时，也很少遭遇另外 3 类事务。这正是所有职业者向往的理想工作状态。

柯维解释说，之所以会这样，是因为把时间都花在第二类事务上的人，他们不自觉地使用了"时间管理"的方法。他们能够持续做"重要不紧急"的事情，然后就会发现，既重要又紧急的事情慢慢地减少了。从此，他们的工作变得越来越轻松，正对应了一句古话"磨刀不误砍柴工"！

从统计学的角度出发，柯维认为，人们应该把 65% ~80% 的工作时间投入在"重要不紧急"的事情上；对"重要又紧急"的事务只需分配 20% ~25% 的时间即可；而"紧急不重要"的事务只能占 15% 的时间；"不紧急也不重要"的事务则应该严格控制在你总时间的 1% 以下。

众所周知，太阳是宇宙中的一个巨大火球。但是地球上的一张纸它都烧不着，而一根火柴却可以把纸点燃。为什么？因为相距太远了，太阳的光热到达地球的过程中，能量的大部分被中间的大气层损耗掉了。联想到我们的工作，道理是相似的。如果你的精力太分散，没有集中或聚焦某个长期目标，即便懂得很多时间管理四象限的理论，你也很难做到努力创造时间的价值。所以除了学习、参考以上理论之外，我们在工作中也要"聚焦"。

第九章
与时间同行，高效利用时间的诀窍

人生天地之间，若白驹过隙，忽然而已。时间好似一匹千里马，如果你不能很好地驾驭它，它便脱开缰绳飞奔而去。所以，我们时时刻刻都要勒紧缰绳，驾驭这匹千里马奋勇向前。光阴似箭，短短人生能够经历多少春夏秋冬？一切只在于你弹指的瞬间，当你使自己的生活变得丰富而有意义，才会无愧于心。诚然，一个人生命的价值在于他为社会创造的价值，但这种价值的创造却是随时间的延续来实现的。所以，与时间同行，懂得高效利用时间显得尤为重要。

1. 时间管理有利职场抗压

时间是固定的、有限的，不可增长的，而工作上的任务却几乎在无限增长。在巨大的工作压力下，我们如何调整自己的心态，做到波澜不惊、坦然面对，这是许多职场人都很关心的问题。心态调整是一个复杂的心理和生理过程，在从看似神秘的时间迷雾中，也有一些可以把握的规律和方法。

从精神上进行自我超越。卡耐基说："我非常相信，这是获得心理平静的最大秘密之一——树立正确的价值观念。而我也相信，只要我们能确定属于每个人自己的标准，就是和我们的生活比起来，什么样的事情才算值得的标准，我们的忧虑有50%可以立刻消除。"为什么我们会产生痛苦、不安和彷徨？归根结底是因为不清楚自己到底要什么，也就是说，自己没有清晰的价值观和人生定位。因此，调整好心态的第一步就是彻底弄清自己真正要的是什么。我是一个什么样的人？我想成为什么样的人？我的人生目标是什么？哪些东西是我所偏好的？哪些是我最为珍贵的东西？什么是我真正想追求的东西？我如何定义成功、快乐和幸福？把每个问题想清楚，给自己找到确定不疑的答案，让自己明确生活与工作的理由。当遇到问题、挫折时，就用这些标准去解释、衡量，我们自然就会心安理得，自然就会找到生命的阳光和快乐的源泉。

及时调整心态。法国作家雨果曾说过："思想可以使天堂变成地狱，也可以使地狱变成天堂。"生活如此强大，个人如此渺小，我们不可能要求自己的工作、生活样样顺利、事事尽心。你不能左右天气，但可以改变心情；你不能选择容貌，但可以展现笑容；你不能预知明天，但你可以用好今天；你不能改变别人，你只能改变自己。要做到这些的关键，就是随时随地调整自己的心态，剔除消极想法，让自己尽量保持积极主动的精神面貌。有了好的心态，我们对待工作才能具备强大的心理承受能力，做到对工作全心投入，以最快的时间把工作做得最好。这相当于间接形式的省时。换个角度看，危机不止是危机，它后面是转机；压力除了是压力，它后面隐藏的是动力；经历挫折后个人能够获得成长。总之，事情是好是坏，并不在事情本身，而取决于我们的视角和心态。任何事情都有两个以上的选择，我们要做到的是以积极的心态应对。使自己每天过得健康愉快，便是对生命时间最大的延长。有研究显示，一个时常保持乐观的人，在处理问题时得到满意结果的机会比不乐观的人要多20％。积极乐观的态度不仅会平息由环境压力而带来的紊乱情绪，也较能使问题导向积极正面的结果。

多做理性反思。所谓理性反思就是积极进行自我对话和反省。对于一个积极进取的人而言，面对压力和不良情绪时他会自问："如果没做成又如何？""如果真的像别人说的那样又如何？"这样做并非是找借口，而是一种有效疏解压力的方式，会带给我们时间上的益处。为某件事而一直沉浸在低沉、恶劣的情绪中，难道不是对时间的浪费吗？如果迅速转换心情，将注意力投入到新的事情之中，便是一次对时间的战胜。在不断地自我追问中，我们会找到问题的真正症结所在。同时，养成记心情日记的习惯也是一种简单有效的理性反思方法。它可以帮助你确定是什么刺激引起了压力和心情不好，通过检查你的日记，你可以发现你是怎么应对压力的，结果怎么样，又该如何应对外界环境对自己的影响，如何塑造自己阳光的心情。坚持一段时间后，回头审视你的日记，你会发现自己在应对压力方面越来越有经验。

懂得享受生活。我们的人生目标应该是一个多元素体系，不能太单一。工作、事业、金钱、权力、名誉，是耗费我们时间的主要方面。然

第九章 与时间同行，高效利用时间的诀窍

而，我们不能一辈子活着就为这些，生活中其实还有很多比这些更重要的东西，比如维持健康、陪伴家人和孩子、发展个人爱好、与朋友聊天、旅游等。世俗的成功标准几乎将我们变成时间的奴隶，我们要奋起反抗。另外，好好把握业余生活，不要把工作上的压力和不良的情绪带回家。为自己留出休整的空间，与三五知己一起交谈、倾诉、阅读、冥想、听音乐、处理家务、参与体力劳动等，都是获得内心安宁的绝好方式。持之以恒地交替应用你喜爱的方式并建立理性的习惯，逐渐体会它对你身心的裨益。

不要变成工作狂。现代职场人士总感觉时间不够用，甚至进入一个误区，认为忙就是效率，有些人不知不觉变成工作狂，有些人迫不得已被戴上工作狂的帽子，有些人则以工作狂的状态为荣。时间管理的关键是不要让你的安排左右你，你要自己安排你的事。在进行时间安排时，应权衡各种事情的优先顺序，要学会"弹钢琴"。对工作要有前瞻能力，把重要但不一定紧急的事放到首位，比如做计划、学习、锻炼身体、授权等。如果总是在忙于救火，那将使我们的工作永远处于被动之中，也不会常有阳光快乐的心情。

重视沟通的作用。平时工作再忙也要花些时间和心思积极改善人际关系，特别是要加强与上级、同事及下属的沟通，在家中则多注意与配偶、孩子、父母的情感交流。在压力过大或情绪不佳时，要坦诚地跟比较知心的朋友或家人倾诉一下，不要试图一个人就把所有压力与痛苦都承担下来。要筹建自己心情的蓄水池和支持系统，成功时与人分享，挫折时找人倾诉。

不断让自己变强大。工作中对业务不熟悉，对自己接待某个客户的结果或接手某项重大方案感到不确定，或是对于目标的达成感到力不从心，或是担心自己被淘汰，或其他原因，导致自己觉得压力重重。处于此种境况中，时间对你来说更多的是种累赘。那么，让时间对你的意义是积极、愉悦的，使自己缓解压力和减少不安，最直接有效的方法，便是多学习，尽快了解、掌握业务知识，抓住一切机会提升自身的能力。抓紧一切时间多读书，多与人交往，留心学习他人长处，遇事多思考，积极参加公司的培训，总之，通过一切途径来提升自己的职业能力，强化自身的核心竞争力。等到你对手头的一切都"会了"、"熟了"、"清楚了"，个人能力非常突出时，你的自信心自然会变得饱满，成就感自然会增加，你的快乐与阳光指数自然会上升。

把握好今天。压力与消极情绪的产生有着一个共同的来源，就是为明天和将来并未发生的事而焦虑和担心。要减轻压力，消除不安情绪，我们首先要做的事情不是去观望遥远的将来，而是着手眼前。眼前的事都是清晰、可触摸的，也是需要马上行动的。为明日做好准备的最佳办法，就是集中你所有的智慧、热忱，把今天的工作做得尽善尽美。昨天是张作废的支票，明天是张信用卡，只有今天才是现金，要倍加珍惜。将一个个今天牢牢把握在手中，最终就拥有了一个美好的人生。生活只能一天天地过，每一天都是今天，而不是昨天或明天。把握好了今天也就是把握了明天的昨天；把握好下一个今天，也就把握了明天。所以，与其悔过去，盼明天，不如认真过好今天。

健康的身心是我们塑造阳光心态的基础，具备阳光心态的人才可能有更强的时间意识去掌控自己的工作和学习节奏。学会肌肉放松、深呼吸，加强锻炼，保证充足完整的睡眠，保持健康和营养等，这些是缓解工作压力的小技巧。而要想全面战胜职场压力，最根本的是做好时间管理。你按照规划或者提前将该做的事完成，便不会面临因任务期限已到却没完成的巨大压力。

2. 根据生物节律巧妙安排时间

在日常生活中，几乎每个人都有这么一种感觉：有时体力充沛，情绪饱满，精神焕发；而另一些时候却又感到浑身疲乏，情绪低落，精神萎靡。迥然不同的两种情况是怎么在同一个人身上发生的呢？

早在公元前五六世纪，古希腊的伟大医学先驱希波克拉特就发现：一个人的健康、情绪在他降临人世时就已决定。他以此嘱咐他的学生们，在医治病人时要密切注意患者的出生年月与病情的发展日期之间波动的情况。因此，经过他治疗的病人往往能较快地恢复健康。

20 世纪初，德国内科医生威尔赫姆·弗里斯和奥地利心理学家赫尔曼·斯瓦波达，通过长期的临床观察，揭开了人体生物节律的奥秘，总结出人的体力状况变化以 23 天为一个周期，情绪状况变化则是以 28 天为一个周期。此后，奥地利教授阿尔弗累特·泰尔其尔，在研究了大量学生的情况后，得出人的智力是以 33 天为波动周期的结论。于是，关于人体体力、情绪与智力盛衰起伏的生物节奏规律，便逐步被揭示开来。

为什么会有生物节奏？因为生物体内存在着多种生物规律，调节和控制着生物的行为和活动。人的体温、血压、血糖含量、基础代谢率会发生昼夜性的变化；人体各种器官的机能，人的痛觉、视觉和嗅觉，人对疾病、噪音和药物的敏感性，也都有周期性的变化。

大自然中的每一种生物都有着自己的"时间表"。例如，控制蟑螂昼夜活动节律的生物钟，在蟑螂的咽下神经节里；雄鸡报晓使用的生物钟，在鸡脑的松果腺细胞中。

平常我们经常提到"生物钟"的话题。生物钟对我们每个人的生活都有着不可小看的影响。它到底是什么呢？它其实是存在于我们身体内的看不见的"时间表"。人体的生物钟在哪里呢？美国的一些解剖学家已经发现，在人的脑干中存在着一个管理时间节奏的神经核，由它控制的节律对人体的生理和病理过程，有相当的影响。当然，人体内的生物钟决非仅此一处，科学家们正对此进行探索和研究。

事实表明，人体生物钟的活动会受周围环境变化的影响。例如，一个人本来情绪正常，个性开朗，若突然遭受意外打击，如某个至亲突然离去，或事业猛然间崩溃，他的情绪很难保证不会一落千丈。一个原本情绪低落的人，如果走在路上正巧遇上众人正在追赶小偷，此情景会使他的大脑及身体发生系列应激反应，激发他内心的勇气与胆量，让他变得瞬时兴奋起来，接着上前奋力捉拿小偷。现代神经生理学的知识告诉我们，人的大脑皮层对脑干等部位，确实有调节和支配的作用。决定人的行为的因素很多，生物节奏是其中一个重要因素，身体的健康状况、人的精神状态等，都会对人的行为有所影响。

根据生物节律的不同，人通常分为"早晨型"、"夜晚型"，即"百灵鸟型"、"猫头鹰型"几种。大脑的活跃周期因人而异，有的人白天做事效率高，有的人喜欢晚上做事。如果你要进行大量记忆，就应该清楚自己属于哪种大脑活跃类型，在你大脑活动的巅峰期去学习，那样才会事半功倍。

怎样才能充分利用生物节奏呢？首先，保持旺盛精神状态十分重要。当体力、情绪和智力状态处于高潮期时，就充分利用自己良好的

第九章　与时间同行，高效利用时间的诀窍

185

"竞技"状态，努力学习，勤奋工作，多作贡献。而在体力、情绪和智力处于低潮期和临界期时，就应让自己学会放松。紧张的心理状态会影响人的体力和大脑的机能，使工作和学习效率进一步下降。在低潮期要做到：适当注意休息、锻炼和营养，注意用脑的卫生，如变换大脑活动的方式，轮流学习不同的内容，使大脑的各个区域交替活动、劳逸结合，这样可以使大脑保持较长时间的高潮状态，有利于提高工作和学习的效率。

掌握人体生物节奏的规律，是为了扬长避短，使人们更好地工作、生活和学习。那么，如何利用和调节自己的生物节律呢？

如果持续高强度用脑的工作现状已形成，但又与生活、学习发生矛盾，就应该有意识地进行调节。至于大脑的每日生物节奏是否可以进行调节，国内外研究者尚无定论。但许多人的成功经验证明，我们是可以主动对大脑加以调节的。一方面，生物节奏一定程度上受遗传的制约，表现出一定先天性；另一方面，它也受到环境和时间的影响，有一定的适应性。从日常大脑活动的表现看，两方面都得到了体现。大脑的活动节奏，主要表现为兴奋和抑制两种状态。事实证明，在一般情况下，这两种状态可以被人为控制和调节，并逐步形成一种定势。

既然如此，我们就应该采取积极的大脑生物节奏调节策略，在应该积极用脑的时间内有意识地刺激脑细胞，使大脑进入兴奋状态，而在大脑应该休息的时候，进行自我心理控制。俄国生理学奠基人谢切诺夫的实验证明，人的大脑中有抑制机制。我们可通过主观意志，排除消极情绪的影响和外界条件对大脑的干扰，进行自我暗示，即用思想或语言对自己进行意志上的调节，使大脑细胞转入抑制状态。若通过主观意志实在难以实现，那可以根据个别人的身体情况，辅以药物调节等其他手段。经过一段时间的适应，"混合型"生物节奏的人，可以转变为"猫头鹰型"或"百灵鸟型"，两者亦可相互转变。

调节生物节奏，不仅要顾及大脑活动规律，而且应该针对实际年龄有所区别。青少年学生正处于身体成长时期，不适于长期夜间大量用脑，但偶尔开几次夜车并无大碍。在校学习的"猫头鹰型"学生，如果因大脑长期夜间高度兴奋而失眠，势必影响身体健康和白天的学习，因此有必要学会调整。到了中老年，人的睡眠时间相应减少，经常夜间用脑问题不大。有必要指出的是，无论哪种用脑习惯，都应该是在情绪高涨、精神愉快、脑细胞兴奋的状态下进行。如果体乏力尽，脑细胞出现保护性抑制了，却不休息，一味追求"刺股悬梁"，那很可能适得其反。或者，大脑感觉疲劳时，转换一下学习和工作内容或方式，转移大脑的兴奋中心，对大脑的不同兴奋点进行调整。例如，马克思写作《资本论》写了一整天，思路闭塞时，就运算数学题；列宁伏案工作累了，就靠在沙发上看一会儿小说；学生在做完一两个小时的数学题后，听听音乐等。这样，相当于大脑得到了另外一种形式的休息，使人能够继续保持饱满的精神状态，重新投入到工作或学习中。

众所周知，柴可夫斯基是俄罗斯杰出的作曲家。他跟人介绍自己成功的秘诀时说，他每天都做到在规定的时间内做规定的事情，而且一旦开始工作便保持高昂的热情和全部的专注。这至少说明，合理安排学习和创造的用脑时间，是杰出人物成功的重要原因。只有掌握大脑的活动规律并善加运用，才能在单位时间内创造最大的成果。

当然，学无定法，每个人的具体情况不同，需要根据自己的实际情况进行合理设计，这就是从实际出发，掌握用脑规律。例如，有的作家，上午笔下枯涩，但神思飞扬；下午运笔如有神，文采流转。那么他采取的做法就是，上午进行构思、谋局布篇，下午伏案写作。还有的人，在景色秀丽的环境里或节奏舒缓的乐曲中大脑非常活跃，办事效率很高，那么他就应该依据自己的特点，进行科学安排，大可不必削足适履，闹出庸人自扰的笑话。

大脑是一个奇妙无比、精巧绝伦的神奇组织，它创造了意识的瑰丽世界。每个人的大脑都是独特的，因而所拥有的生理节律也是独特的。如果将每个人的大脑比作钟表的话，那么世界上千千万万的钟摆所发出的滴答声肯定各不相同。同样是一个小时时间，有人可以完成更多的工作，有人却会觉得力不从心，还比别人累。究其根本是源于不同人体内的生理节律不同。因此，在制订计划时我们应当从自身的生理节律出发，完善管理和利用自己的精力。

3. 降低时间安排的变动性

接到上司指示，你被分配了一个巨大的、非常难以完成的任务，被它压得喘不过气。这时你该怎么办呢？你可以试着把它分成几个小块，逐个加以解决，这样比较便于你安排时间。这样做有几个好处，首先，你明确了完成整个任务的各个步骤，只要循序完成各小块就能成功，畏难情绪便会减轻；其次，把一个任务拆分为若干块，完成一块便显示了一次进度，使你多次体会达到目标的喜悦；再次，较小的任务段易于估计时间，从而加强对完成时间的控制。

王女士是一位优秀讲师，长期受聘于某集团人力资源部。某天她组织了一场时间管理培训课程，参训人员包括各分公司的销售总监、业务主管及其他部门经理。

"时间是什么？"演讲开场她向台下听众抛出这个问题。虽然是个老生常谈的话题，大家仍然踊跃发表见解："时间是抽象的。""时间是不可再生的。""时间是不可逆转的。"……所有参与人员按照她的要求，均用一句话概括了自己对时间的理解。

接下来，由王女士开始给大家讲述有关时间的具体内容。时间对于每个人来说都是公平的，每天时间银行都会为每个人存入 86400 秒，而每天这 86400 秒也会毫不留情地流逝，不会因为任何人或任何事而做任何停留。既然时间的流逝是一种大自然的客观规律，不以人的意志为转移，那么我们能做的只能是更合理地规划、利用和管理自己的时间，通过强化时间管理意识，学习与掌握时间管理方法，制订并执行时间管理规划，检验时间管理效果，并不断修正时间管理方案，高效能完成日常工作和生活中的相关事宜，充分利用大自然所赋予我们的这一宝贵资源来创造自己的价值。

接着，王女士给大家出了一道自测题——你能掌握时间吗？问题后面列出一些选项，选项内容是与我们日常生活及工作息息相关的场景。她提示大家用心阅读并做出选择，再与自己的实际表现逐一进行对比，然后便会从中发现自己对时间的掌握程度如何，明白自己浪费了多少好时光以及浪费在什么地方。

王女士进一步总结：时间管理并不是要把所有事情做完，而是更有效地利用时间。时间管理一方面要确定该做哪些事情，按照怎样的顺序完成这些事情，另一方面还要决定哪些事情不应该做，尽可能地排除来自外界的干扰。通过事先的规划与时间掌控，降低时间安排的变动性，为进一步执行时间管理奠定基础。

伟大的人之所以伟大，往往在于他能够控制自己；成功的人之所以能够成功，在于他们能够珍惜时间，善于利用时间。时间对于我们每个人都是同等的，俗语说，天道酬勤，付出了不一定能够成功，但不付出，是绝对不会成功的。这句至理名言，也许能被很多人传颂，但我们为什么还总是抱怨自己付出那么多而所得那么少呢？

4. 做真正重要的事

生活前进的脚步有快有慢，生活的状态也不是永远平静如水的。有时对工作、生活目标明确、胸有成竹，于是过得紧张充实，一连数月做到一切都有条不紊，感到目标胜利在望。有时则完全相反，被各种项目、工作职责压得喘不过气来，感觉精疲力竭、无法翻身。这是为什么呢？有办法可以摆脱那种混乱吗？

在我们每天面对的所有工作中，有些是极其重要的，有些属于次重要的，剩下的则是完全不重要的。首先，我们应懂得如何定义真正重要的事，怎样集中精力处理它们，以及时间分配上的一些策略。

第一步，我们来认真回答几个问题。这可以帮你从无关紧要的生活琐事中找出那些真正重要的事情并给予关注。

（1）10年后你希望自己的生活是怎样的？你可以规划未来，脑海中憧憬未来的生活，将自己置身于浮想的画面里。当你认为你就是被自己所创造出来的，接着去做的话会收效更好。回想一下，曾经给你留下珍贵记忆的人、事和重要时刻，你或许能发现一些东西。正是这些东西影响着你，把你塑造成了今日的你。同样地，沿着这条路对未来 10 年进行展望，想想期待中那时的自己是什么样。要想达到那时的目标，当下我们应该怎么做。如果你期待那时与家人其乐融融，和朋友把酒言欢，那么现在就要好好维护朋友关系。

（2）**你真正追求的是什么？** 一旦你认定了自己生命的使命，便为你在时间分配上奠定了基础，所以，你应当重视这个关键问题。当然，这不是很容易明确的问题，因为常人总会认为自己的使命与现实中的工作并无关联。实际并非如此，当我们通过现实中的工作还清债务，大胆冒险投资，或是把孩子送入重点大学时，没有人对此产生异议。但当现实中的工作回报给你金钱并让你银行账户的数字不断增长，钱对你来说已经并无太大意义的时候，你便开始产生不满，希望能够活出真正的追求。

（3）**什么东西能激发你最大的热情，让你兴奋、激动？** 有时我们不敢对别人承认自己真正想要去做的事和真正想要去成为的人，或许怕不为大众所接受，或许是不愿放弃眼前的安稳和舒适。但在内心深处，那些东西从不平静，时不时让我们激动，让自己心跳加速，而后或许在某个早晨让我们兴奋得从被窝里一跃而起。

（4）**你能忽略什么，或说你可以放下什么？** 没有人有足够的时间去做每一件自己感兴趣的事。但你却有足够的时间去做那些你确实感兴趣，并真正重要的事。就把那些不重要的都忽略掉吧。

（5）**这件事的结果是否有意义？** 每项工作和任务都会产生结果，其结果本身并不重要。重要的是这个结果对我们有多大的意义。有时因为别人希望我们最终取得成就，或是这结果会令人赞叹钦佩，我们便拼

第九章　与时间同行，高效利用时间的诀窍

191

死拼活努力挣扎走下去。但如果这些对我们毫无意义，那么我们是不会满足于结果的。另一种情况，或许一开始我们取得了成就，但后来兴趣点和追求却转变了。所以，如果一件事对你没有意义，那就别管它对其他人是多么重要，它会多么值得赞叹或是曾经它多么重要，是时候放手了。

通过仔细思考和回想以上每个问题之后，或许你现在明白了自己生命中真正重要的事是什么。接着你是否又开始为如何安排时间，专注于此而发愁？下面就给你一些小建议。

（1）**最要紧的是做**。既然你找到了生命中真正重要的事，那就应在做其他事情之前先花时间去关注它。不少人的经验证实，在早晨写作、工作或思考，效率明显比其他时间段高。早上第一件事就是为个人目标而努力，然后再去做其他事。那么每一天都会有一个积极的开始，并一直通向理想的未来。

（2）**计划不可缺少**。我们很忙，家人有时也很忙。但我们其实都愿意多花些时间来陪伴彼此，于是我们可以制订一个定期家庭晚餐计划，并在日历上做上标记。如同对待工作中的事一样，我们也要很认真地看待这个约定。它是我们自己对未来的一个承诺，并且它真的很重要。

（3）**把人生使命当做紧急的事**。我们的生活被接二连三的工作、接待客户和约会填满，简直让人喘不过气来。但当我们不得不为自己的健康而到医院治疗时，查看近期的工作安排，却发现每天日程都很紧凑，一项都去不掉。然而疾病不能耽搁，因此日程安排被强制停了下来。如果你也正苦于无法摆脱琐事，或苦于分身乏术，那么把你的人生使命看成紧急的事来做吧。从你的工作日程中去掉那些重要但非必要的事，尝试一天中不要再去想它们。那些你荒废于不重要的事情上的每一天，是你永远也无法补救的，对我来说，这就是紧急的事。

真正有意义的事，才值得我们投入时间和精力。专注于有意义的事，并对此倾注时间，并不仅仅是停留在思想上，重要的是付诸行动。性质、方向不同的两类事情就像重量不同的两个铁球，无论从多高的地方同时落下，它们都能同时到达地面。所以，我们不仅应该以重要性去区分是否该把它做好，也应该考虑是否值得去做，专注于真正重要的事。

5. 如何获得时间平衡

虽然每个人的生活方式不同，每个人的生活精彩程度不同，但概括起来，我们的生活内容主要涵盖4个部分：一是维护家庭、社会关系，包括夫妻、子女、朋友、熟人、同事等各层关系的建立和联络；二是追求事业与人生成就，向往成功、升职、财富、安稳的生活；三是注重健康，饮食合理、注重营养，保持充沛的体力和积极的精神状态；四是实现自我价值，追求心理满足、信仰等。

要想在取得事业成功的同时获得生活的幸福，我们必须在以上4大方面之间寻找到黄金平衡点。一旦它们之间出现了不平衡，生活就会开始向某些方面倾斜，最终导致生活出现混乱，精神上痛苦不堪。

那么怎样才能找到生活中的平衡点？这个问题长期困扰着许多人。对于积极追求自我价值实现的现代人来说，工作与生活总是像鱼与熊掌一般难以兼得。为了取得事业上的成功，我们不得不对家庭、自己的兴趣爱好等做出妥协。妥协的结果通常都是牺牲自己本该享有的生活。但是，生活是一个整体，包括工作在其中的每个部分都是密不可分的，过度偏重任何一方面都会使其他方面出现问题。这也就是说，我们完全可以通过一套完整的时间管理与生活管理体系，为自己生活的每一个方面都创造出足够的时间与空间，找到它们之间的平衡点，继而获得长期的和谐生活，以减少不必要的妥协。

一个长期缺乏体育锻炼、不注重营养搭配的人，是不可能持续保持充沛体力的。而且，这种亚健康状态还会进一步影响到自己的工作效率与生活质量。

要维持平衡就意味着做出选择与决定。一天只有 24 个小时，时钟每时每刻都在不停地往前走，但是，我们想干的事情又偏偏那么多。因此，我们必须学会选择并做出明确的决定：面对不同的人或事，我们要选择说"是"或者说"不"；面对那么多的事情，我们要决定如何利用每天仅有的 24 小时。这本来就不是一件容易的事，更何况对一件事情的选择与决定，往往还意味着放弃更多其他的可能性。正是出于这种原因，人们才会那么害怕选择、害怕决定。当然，你有权选择被动地维持现状，不做出任何选择与决定。但当你面临这种恐惧止步不前时，请想想这句话：没有选择与决定的生活是不可能达到平衡的。

同时平衡意味着放弃。都市人的生活太过纷繁复杂，形形色色的任务、工作、赴约、娱乐使人越来越应接不暇，以致人们渐渐忘记了那句至理名言：少即是多。有人认为，亲人、朋友、爱人对自己有所期待，自己不能辜负他们的厚望，所以必须努力做到优秀，满足他们的要求。另外一些人认为，多一分耕耘必然会多一分收获，所以自己必须抓紧每分每秒，完成尽量多的工作，以获得最大的成功。其实，这些都是他们不舍得放弃的借口。放手吧！没有人能够做完所有的事，也没有人能够拥有一切。只要你敢于放弃生活中并非自己真正想要的东西，集中精力关注重要的事，你最终获得的就不仅是成功，还有最宝贵的平衡生活。

因而要想达到生活的平衡就需要做到专注。你是否经常边打电话边写电子邮件，一边还用手翻翻旁边的《财经日报》？当然，一心多用是一种了不起的本领，但它实际上会使你在琐事上浪费了很多时间。所谓"心无二用"，我们老祖宗流传下来的智慧是有道理的。因此，在做一件事情时务必保持专注，而对于自己生活的目标与方向，也要保持专一和专注。千万不要只顾追求表面上的高效率，不断地盲目加速，却忘记了自己生活与工作的重心。如果你学会了如何专注于重要的事情，你就能掌握生活中的主动权，提高自己的创造性，并最终为自己赢得时间，为生活赢得平衡。

另外，我们必须明白，维持平衡不是说要求做到完美，这对任何人都是不可能的。丢掉所谓的完美主义吧！这种思维方式对己对人都是不必要的苛求。每个人都有自己的缺点，也都会时不时地犯些小错，这有什么关系呢？一个人如果能够集中精力把所有重要的事都做好就已经很不容易了。对那些无关紧要的细枝末节睁一只眼闭一只眼，用省下来的时间与精力关注自己生活的重心，难道不是既省心又省力吗？

那么，平衡是要求我们做到抓紧每一分一秒不放吗？不是。平衡偏爱慵懒。当今几乎人人都在追求成功，成功最重要的标准是财富，时间又是可以被转化成金钱的首要因素。因而大多数人认为，获得成功的第一步就是高效利用时间，而提高效率的方法则关键在于将生命中的每分每秒都安排得富有意义。即便双休日或节日、假期也要时刻过得积极主动。我们或主动或被动地被卷进了一个巨大的圈套。真正的成功人士毕竟只占总体的少数，而他们也是最懂得享受时光的。不想参加那些无聊又吵闹的派对，不想陪同事逛街，不想陪客户打高尔夫，那就不去好了！如果你喜欢躺在家里的沙发上听最喜爱的古典音乐，那就尽管拿出整晚的时间尽情享受属于自己的音乐旅程；如果你更喜爱大自然，那就去找一片安静的绿草地，尽情享受一下午后阳光的温暖。真正懂得慵懒的意义的人才能更轻松地找到生活的平衡点，而且，放松与享乐也是创造力与灵感的最佳源泉。

除此，平衡需要坚持不懈的精神。科技不断推进的一个结果是，产品都向多功能的方向发展。咖啡机变成了多合一饮料机，复印机变成了全能办公助手，手机具备了电脑的部分功能……最后简直连人类也不能"幸免"——为了保证自己不被社会淘汰，我们不得不终身学习，不断提升自我能力，使自己成为工作和生活的"多面手"。正是由于来自各方面不断增大的压力，寻找生活的平衡对我们而言也变得越来越曲折。很多时候，我们庆幸自己找到了生活的平衡点，但不出一个月，高速运转的生活又会让我们迷失在忙碌与混乱之中，以致再次失去生活的重心。因此，我们绝不能以一劳永逸的心态对待平衡。平衡是要我们不断寻找或创造的，平衡是通过持续地重新调整获得的，平衡是需要坚持不懈地努力的，平衡是一项一生都做不完的功课。

许多优秀的人已达到小有成就的地步，却仍对自己要求十分高：已经升为500强企业职业经理人了，成为无数人羡慕的对象；职业素养已经非常高了，能做到在很短的时间内完成大量繁重的工作，却仍对自己感到不满意，难以感觉快乐和幸福。除了主观因素外，客观上日复一日的忙乱生活阻碍了我们追求幸福的脚步，使我们失去了实现梦想和愿望的能力。手头总有忙不完的工作，生怕自己工作中因一次犯错而前功尽弃，终日感觉自己被周围的压力推着走，无力安排自己的生活；明明整天忙得没有一刻清闲，内心却没感受到充实感……如果你进入了这种处境的话，那你得学会寻找平衡点，在工作、生活以及自己内心之间寻找到黄金平衡点。

寻找平衡需要我们花费一定时间和心思才能做到，还需要我们具备自省的精神。以往的时间管理过于强调计划与效率，却忽视了生活平衡的重要性。在这种观念的影响下，人们通常会让自己背上更重的包袱，无论是现实中的压力还是精神压力都变得越来越大。所以，我们现在就要更新时间管理的概念，改变旧的思维方式！新的时间管理的实质是自我管理与生活管理，而管理的对象就是我们的生活质量。

6. 捡起你的时间碎片

我们每日忙忙碌碌，步履匆匆，算得上在奋斗了，为什么一切还不见起色？为什么坚持努力却仍旧是一介平庸之辈？要知道，有成就的人都是在别人荒废的时间里崭露头角的，他们的诀窍不过是：变"闲暇"为"不闲"，也就是不贪逸趣，不偷清闲。爱因斯坦曾是享有盛名的"奥林比亚克科学院"的负责人。他经常利用晚上休息的时间组织学者们聚会，参与者都是手捧茶杯，边饮茶边讨论，就在轻松、惬意欢谈畅饮之余，许多科学创见相继诞生。

生活中常见的现象是，就算你的工作和生活安排得再并然有序，生活中总会有一些"时间碎片"于无意中出现在你的预计之外，就像裁缝做衣服剪裁布匹时余下的边边角角的布料。这些"碎片"时间段一般非常短暂，看起来很不起眼，难以被利用起来，也往往被人们毫不在乎地忽略过去。我们的生活和工作中的零碎时间不可谓不多，比如不可避免的等待时间，几乎都被我们浪费了。

胡适先生担任上海公学校长时，在学生们的毕业典礼上，他发表了一篇演讲，其中有段话谆谆告诫同学们要珍惜时间：

"至于时间，更不成问题。达尔文一生多病，不能多做工，每天只能做 1 点钟的工作。你们看他的成绩！每天花 1 点钟看 10 页有用的书，每年可看 3600 多页书；30 年读 11 万页书。

诸位，11 万页书可以使你成为一个学者了。可是每天看 3 种小报也得费你 1 点钟的工夫；四圈麻将也得费你 1 点半钟的光阴。看小报呢？还是打麻将呢？还是努力做一个学者呢？全靠你们自己选择！"

事实上，倘若有人做到一日、一月、一年不断地将时间碎片积累起来，那么累积起来其总量将是相当可观的。凡是在事业上有杰出成就的人，都是善于有效利用时间碎片的高手。据美国一项统计表明，能自觉地运用时间碎片的人只占 3% ~ 5% 左右。为了获得比周围其他人优异的职业发展和人生风光，你愿意成为这 3% ~ 5% 中的一分子吗？

美国历史上有一位副总统叫亨利·威尔逊，他出生在一个贫苦的家庭。当时母亲穷得连一片面包都买不起，躺在摇篮里的他经常饿得哇哇大哭。10 岁那年他离开了家，之后在外面当了 11 年学徒工，每年只能接受一个月的学校教育。当学徒工是多么繁杂、辛苦、受累的一件工作，我们虽没经历过却多少也有所了解。即便条件如此艰难，威尔逊却从不放弃读书和学习，没有几个人比他更能抓紧对闲暇时光的利用，他像热爱黄金一样热爱每一点零星时间，绝不让一分一秒从指缝间白白流走。他总在心中告诫自己，不让任何一个发展自我、提升自我的机会溜走。他省下手中的每一个铜板，除了必要的生活开销，剩下的钱全部用来买书。他抓紧一切时间学习，只要有可能，他就能从中让自己学到东西。正因如此，在21岁之前，他已经读完了1000本好书，这些书是通过各种途径搜集而来的。

回到我们的现实生活中，时间碎片其实随处可见。比如，按照约定去见客户，到达目的地后对方却表示："抱歉，手头有些急事需要处理（或有个会现在要开），请稍等10分钟。"所谓"10分钟"，只是一个让你等待的起点时间概念。比如，因为多种原因，计划好的行动不得不延迟一段时间才能开始。例如开会时，等待部分因特殊原因尚未到的参会人员。比如，在途中遇上火车或飞机晚点或者迟到，但延迟的时间不长。还有因突发性原因，原有的工作计划或流程不得已短暂中断。例如正在处理一封重要邮件，办公室突然停电或网络突然出现掉线情况。或者不起眼的时间，例如午餐后到开始下午工作之间的时间、下班前的10分钟时间等。

时间碎片既然如此广泛地存在，那么如何做到有效利用它们呢？有以下几点方法可供参考。

第一，填补法。即在空白的零碎时间里填补进充实的内容，主要用于处理出其不意产生的零碎时间。和其他方法比起来，填补法显得最为简单，也很容易实现。但要求当事人要有较强的计划性和目的性。

正因为时间碎片的零散和琐碎性，所以利用的时候必须找准针对性，做那些"原本就决定在零碎时间完成的事情"。在这方面，被称作

"液晶之父"的知名物理学家雷曼为我们树立了非常好的榜样。

雷曼每天都会提前做好规划，并有列出"琐碎事务"清单的习惯。平常他随身携带着记事本，在每天随时随地记下需要处理的事，"随时随地"便是碎片时间。而他终于发现了关于液晶的原理，这归功于他重视利用一点一滴的碎片时间，不断思考，最后得出了成果。在雷曼看来，之所以必须写成文字，其原因在于，很多事情都是"琐碎的小事"，但并非可以被随意忽视。这些事很难在人的大脑里留下深刻记忆，相比较而言，写下来的事情不易被忘记。

对当今的我们来说，功能发达的手机完全可以替代记事本，这让我们使用起来更为便利。我们可以随身作记录，随时随地写下自己该处理的一些事，比如今天或近 3 天需要打的"不是很重要但必须打"的电话、需要购买的生活小物件、查询跟某个问题相关的资料等。

在规划"琐碎事务"清单时，需要注意的一点是，最好将琐碎事务按照 15 分钟、10 分钟及 5 分钟可完成的工作量来进行区分。一般来说，超出 20 分钟的时间段，就不能算作时间碎片。也许你会问，为什么不去设计 1 分钟或者 2 分钟的事务？原因是，一两分钟内可以解决的问题，你应该马上动手做，完全用不着作记录。具体思路是，15 分钟可以做完的事：草拟提案、作计划、整理名片。10 分钟可以做完的事：拟订明天的计划、付电话账单、发快递、浏览一份报纸或者资料、发送或回复邮件。5 分钟可以做完的事：写采购列表、打电话、清理办公桌面的文件、放松伸展身体。

当你认真地把零碎清单填满后，面对突然冒出来的碎片时间，你就不会感到茫然无措。比如会议推迟 15 分钟开始，你可以趁机抓紧填写需要发送的快递单。在商业约会被迫推迟时，顺便看十来页桌上的业务书籍……

第二，合并法。即化零为整，原本的事情安排序列可能导致多个时间碎片的出现，通过调整它们的顺序便可将多个碎片集结成为一个较长的时间段。该方法有些类似于清理计算机硬盘存储空间的方法，通过移动、合并硬盘上不同区域的文件，使空闲的小空间集中在一起形成一个大的存储空间。

确定了时间段内的工作事务安排和流程，接着我们要对其可能产生时间碎片的环节做出初步预测，根据具体情况对同一时间段内的工作事项进行统筹安排，以免产生多个碎片。举个简单的例子，一位经理人在一天之内需要完成的所有工作有：拜访位于不同地点的两名客户，召集下属开展本周或本月工作总结会议。从省时角度出发，比较妥当的安排显然是先在公司开完会议，然后外出连贯地拜访客户。出门在外，很容易因各种因素（例如堵车、对方时间有变动等）产生时间碎片，可以利用这些碎片时间思考工作上一时未想出答案的问题。

另外，内容不同的工作的连续性和相关性有所不同，我们也要做出适当的预测，以减少自己在不同状态中的频繁切换而产生的时间、精力损耗。据行为学家的研究表明，人从一种状态转换至另外一种状态，或由某种活动转为另一种活动时，过程中或多或少都会产生一小段时间的空白地带。例如，处理邮件之后，马上进行一些在网上搜索资料的工作效率会比较高，然后再去开会、打电话或者外出拜访，这样，前后事务之间留出的时间碎片就比较少。

有一点需要引起大家注意，即使可以通过合并法尽量减少时间碎片，但由于事情进展的不确定性，在处理的过程中并不能完全避免"时间碎片"。此种情形下，就要充分发挥填补法的作用。

第九章　与时间同行，高效利用时间的诀窍

第三，并行法。即根据实际情况，将填补法和合并法两者同时运用。在一段时间内，根据时间碎片出现的状况，同时穿插着做两件事。比如跟客户通过电话讨论某个重要问题，需要多次进行往复沟通。通过一次电话后，到等待对方回复或下次打电话之前，其间有一段长短不一的等待时间。那么你可以利用这段空隙，抓紧写下午开会要用到的文件。

与前两种方法相比，并行法对个人的逻辑能力和流程统筹能力的要求比较高。之前提到，最好减少状态转换的次数，若你认为并行法实施起来有难度，那还是先做好一件事情再说。

另外，我们知道，计划永远赶不上变化。即使对处理时间碎片有了了解和认识，生活中难免还是会出现让自己难以预料的状况。所以建议，你随身携带一个包或袋子，里面装上一些书籍或资料。一旦出现预料之外的时间碎片，提前没有事务可以安排，那么你可以见缝插针地加以利用，以免在大好的时间里无所事事。

第十章　是你偷走了自己的时间

　　缺乏对时间的信念,行动缺少计划性,做事喜欢拖延,工作不投入,被无聊所打败,不懂得拒绝,陷入欲望的陷阱……偷走时间的"神偷"简直不计其数。然而,揭开现象看本质,真正偷走时间的是谁? 是你自己。如果你发自真心热爱生活,珍惜时间,上进心强,志向远大,那么任何"神偷"都没法在你身边出现。人与动物最大的区别在于,具备主观能动性,对时间的能动性我们往往没有充分地发挥。因而,改变观念和心态,改进行为和习惯,并追求人格完善,在时间管理上才能逐渐占取主动地位。

1. 立即行动， 不要让 "等" 扼杀了时间

朗费罗说："不要老叹息过去，它是不再回来的；要明智地改善现在。要以不忧不惧的坚决意志投入扑朔迷离的未来。"富兰克林说过："如果有什么需要明天做的事，最好现在就开始。"拉美谚语中也有这样的句子：丢失的牛羊可以找回，但是失去的时间却无法找回。确实，世界上最宝贵的就是时间，最值得珍惜的就是今天，所以我们提倡"活在当下"，因为把握住今天，胜过两个明天。

有这么一家总资产达数亿美元的大型跨国集团，其掌门人对手下所有的员工提了一个要求，那就是每天开始工作前必须背诵一句话："现在开始!"现在开始! 多么简洁有力的话。短短几个字简直称得上是对时间浪费行为的克星。生活中是不是经常有这种情况出现，感觉自己脑袋空虚，浑身没劲，什么都不想干。但同时心中也明白有许多事必须要做。这时应该怎么做? 马上跳起来，将懒散赶到九霄云外，大声说："现在开始! 现在就做! 现在行动!"你甚至可以把这些话设置成电脑的屏保，以便自己随时瞟到了，心灵上多少会有些震动。懒懒散散、拖拖拉拉有什么好处呢? 只会让你付出巨大的代价，虽然不是直观的财富上的。你今天认真学习了一段英语文章，阅读并领会了关于某国际企业的一篇报道，或许在以后的某次面试中就能派上用场。

或许你说，我需要时间提前进行思考和制订计划，不然工作就无法很好开展。思考和计划固然重要，但行动才是关键。"学而不思则罔，思而不学则殆。"即光思考不行动只会让你越来越倦怠。放到眼前的工作中，用更实际的说法便是，思考和计划不会让你得到报酬，只有工作

成果才能。当你意识到自己在犹豫的时候，警告自己马上打住，立刻行动！养成果断作决定的习惯是绝对必要的，尤其对经常面临高强度工作任务和压力的现代上班族而言更是如此。

有成功者的原则是，做出每一个必须的决定使用 60 秒，不管它有多重要。具体做法是，一旦在足够的准备后要做一个决定，先打开一个定时器，只给自己 60 秒时间，这要求自己必须果断。比如一名主管，一天面对的事务包括：要处理老板刚下达的指示，要去外面亲自联系相关合作人，要对下属开展培训工作。那么，他最好的做法是，拿起一个就开始做。现在需要向老板上交那个报告，确定一个主题立刻开始写。拖延只会让你的思想处于停滞状态，不知该写什么，从而越发觉得无从下笔。

有些人经常迟迟不愿作决定，或认为单靠自己做不出正确决定，这样一来便养成了拖延的习惯，而拖延有什么好处呢？通常一天又一天往后推迟，只会导致消极的后果，所以就算你面对两难或非常复杂的处境，咬咬牙无论如何决定向左还是向右吧。即使是个错误的决定，你也很快就能发现。许多人可能会用超过 60 秒或用 60 秒的几倍的时间来决定午饭该吃什么。你是不是也经常为吃什么而犯愁？而你有没有想过其中的时间成本呢？好了，醒醒吧——如果你无法决定吃什么，抓起手边的一个苹果或一根香蕉就开始吃，那么在确定你到底想要吃什么以前，水果或许已经填饱你的肚子了。如果你的大脑说，除了水果之外肚子还要吃点别的，那最好迅速决定。吃什么都一样能让你果腹，并不会对肠胃造成多么明显的影响，因而你完全可以加快决定速度，这样你可省出时间来思考并实施下一步工作计划。

研究表明，世界上最优秀的管理者都没有犹豫不决的"恶习"，他们对犹豫不决都有着极强的免疫力。也就是说，他们在面对偏爱或者矛盾状况的时候会迅速、大胆地做出决断。当今的许多实业家都是非常善于迅速作决定的人，他们明白，如果等到准备充足了才开始行动，那么机会早就不属于自己了。当你无路可退的时候，你只能依靠自己的经验和直觉，尽可能快速地作出决定。如果实在不能当即决定，就先放到一旁，等忙完其他重要事务再抽时间考虑并作决定。大把的时间应该花在行动上，而不是决定本身。优柔寡断是对时间的严重浪费，所以建议你也遵守这个原则，做出一个决定不要超过 60 秒。做一个坚决而直接的决定，由不确定转变为确定，然后行动。出现错误就让事实告诉你，这样你就会积累足够的经验，从而作出正确而睿智的决定。

有抱负、有理想的年轻人大多心里都有渴望，只要找准了真正喜欢的方向那么就坚定走下去。

2. 简化事务， 做到不为效率忧虑

作为社会人，每个人所担任的社会角色都是多方面的。比如说，一个人是厂长，在家庭里面，他同时又是父亲、丈夫、儿子。不同的社会角色要求他承担的社会责任不同，因而要做的事情也就相当之多。如果处理不好，就会忙乱被动，成为一个忙忙碌碌的事务主义者。所以我们必须学会简化事务处理，提高解决每个问题的效率。

而通过以下介绍的简化方法和技巧，你会发现，它将会让你发挥更高的工作效率，更快地处理要做的事，从而使你更加悠闲，没有压力。在我开始进行这个简化的方法前，我们先来看看常用的时间管理体系包括哪些因素和程序。

第一，捕捉想法。所谓捕捉，就像蜘蛛逮蚊子一样，只要大脑中的想法出现，马上写下想到的那件事。在一定时间内记下你能想到的所有事情。

第二，整理事务。整理你的备忘录或记事本，将每件物品都放在适当合理的位置。

第三，分析环境因素。根据你目前正在做的事情和你现在所处的情况，将你的计划表划分成几个小部分。在你现有的处境、时间和精力允许的范围内，你可以做任何需要完成的工作。基本上，你可以随时决定你要做的事情。

第四，设定时间提示。就是在一定的时间节点提示你下一步应该做什么。

第五，分门别类。你可以使用简单的字母体系，这样比较容易把你当前正在做的事情进行归类。

第六，目标。你应该站在更高处看你的目标和那些在每周回顾中应该完成的任务。

第七，每周回顾。一周过去，回头检查一下，你列在规划系统中的每件事情是否各就各位，都在如实进行。

第八，"某天""等待"。留一点空余，这对你目前暂不打算做的事情和你必须等待别人配合才能完成的事情特别的有用。

第九，重新定义事业。任何需要你投入专注的精力，需要一个以上的实际行动来完成的事情都可以视为你的事业。

以上这些是传统的时间管理体系最基本的要素或说步骤。我们可以对它加以改进，进行简化。简化之后，你就不必做一些原本必须要做的事情，节省不少时间去完成你真正应该做的事情。下面就是如何简化体系的步骤：

第一，减少你的任务。在你整理之前，可以避免的事情尽量砍掉不做。如果只有3件事情需要你完成的话，实际上你并不需要对它们作出安排。这时你应该怎样简化时间呢？减少一些你需要做的事情。你可以减少任务，将任务分配在不同的时段完成，将有些任务推迟完成，不必做一些不那么紧急的任务。

第二，关于捕捉。将大脑中可以想到的想法都记录下来之后，接着你要作一个整理、分析，然后在行动开始之前，把重要的、必须当天完成的任务挑出来。你可以随身携带一个便利的笔记本，随时将事情记录在里面。

第三，确立重中之重。明确了一天应该完成的所有任务，接下来问自己：哪3件事是这一天最重要、最应该完成的呢？找到答案后，将它们记录在你笔记本的最开始一页，如果采用电子记事本的话，那就将它们在电脑桌面最上端标明。接下来你需要集中注意力分别完成3项任务，注意做每件事时保持精力高度专注，体现最高的效率。如果到晚上睡前完成了这3件事情，那你会感到今天很有成效了。

第四，集中解决。除了重要和重中之重的事情以外，一天之中你还需要处理很多的琐事，不要因这些琐事影响了最重要的事情的完成。为了让自己工作更有效率，将这些杂事整理成一件事，然后找个时间段集中处理，最好是在工作时间将要结束之前来处理这些事情。比如，在上午工作快结束时、午饭开始之前的小时间段里集中处理你的邮件；或下班之前理清你的个人文件，包括电脑里的和桌面上的。你可以在笔记本的下端列一个集中处理这些任务的列表。

第五，确立核心目标。目标的重要性不言而喻。但是太多的目标反而会使你分散注意力，以致你最终或许一件事情也没有完成。让我们来制订简单的目标系统：今年上半年我努力完成一个小目标，下半年完成另外一部分小目标，今年我就集中注意力完成这一个目标。将时间范围缩短，选择一个更小的任务，要求自己在下一周或者接下来的两周完成。然后便可以确立每天的目标，每天都朝着这个短期的目标努力工作。提醒自己，每天的重要任务中至少包括自己短期必须实现的目标中的任务。朝着一个目标奋斗，不要太多，你就会实现你的目标。

这就是简化事务处理的步骤和具体方法。它能让你将注意力集中在最重要的任务上，提高了你的工作效率，将你的工作量保持在一个较为合理的范围内，使你不至于整体处于高度的繁忙之中，同时又能高质量地完成你应该完成的任务。但是，在这个简化体系中，有些细节你需要加以注意。

第一，对于工具，建议你使用小巧的、便于随身携带的记事本，这个足够。你可以将所有能想到的事情都记录在本中，然后从中确定你认为最重要的事情，并将其他不重要的事简化为一件事，分别在上面写下你的目标。如果你只有一个工具的话，你就不必担心你有太多的任务需要完成。

第二，关于每周回顾。如果你没有太多的任务要完成的话，这一点并非必须。但是，你可以花上短短的 10 分钟，来思考一下你下周应该完成的任务，确保到下周你可以将注意力集中在某一个或两三个目标上，这对你更好地利用时间是非常有帮助的。

第三，关于"某天""等待"，如果你想将这些也列入后面的简化体系，或许也可以发挥作用，这要看你面临的实际情况了。但如果你能做到将所有任务、事业、事务体系以及每日的生活都进行有效简化，那么就没有必要说"等待""某天"。

第四，关于分门别类也不是每个人都用得上。你可以运用网络工具，比如谷歌的 Docs、Gmail 和 Picasa 等，将要做的事情记录在网络上，使用那些工具来归类。如果你需要其中的任何文件，都可以直接上网查询。

第五，对于时间提示，学会了简化你的任务后，你就用不上它了。你可以使用谷歌日历来记录较为复杂的外景工作，以便尽量减少使用时间提示。但在提醒跟孩子有关的活动，或与牙医或医生的预约方面，最

第十章 是你偷走了自己的时间

209

好还是使用时间提示。

总而言之，任务越少，你越不需要去整理它们。你可以高效率地完成更少的事情，也就是说，你只需将注意力集中投入到能够带给你最大回报的任务之上。因此，你需要学会运用最简单的时间管理体系和工具，尽量减轻自己的压力。

3. 越早醒悟越好

当今的职场主力军正被越来越多的 80 后所顶替。20~30 岁不等，这是 80 后所处的年龄段。出生较晚的 80 后不过 20 岁出头，年轻得叫人嫉妒，他们认为这辈子还有许多时间，先放纵、玩乐一下无妨。实际真的如此吗？而接近而立之年的 80 后，却绝少有这种心情了。他们开始哀叹青春不再，自己却事业未成甚至一无所有，危机感、对未来的恐惧感逐渐袭上心头。如果每个人，从自己中学开始就明白珍惜时间的重要，或者大学时就明白并抓紧时间学习，那么，随着年龄增长而产生的感慨、悔悟应该少很多吧？这就是在时间上醒悟得早晚的问题。

这不是什么"相对论"。爱因斯坦确实曾用这样的一个比喻解释相对论："一位先生和一位漂亮女孩在一起待上一小时，他会感觉像一分钟。但如果让他在火炉子上待上一分钟，他会感觉比一小时还长。这就是相对论。"但是，爱因斯坦想要说明的并不仅仅是"观测者对时间流逝的感知，参照系是至关重要的"，而是更进一步的"观测者的精神状态也许是对时间流逝感知的一个附加因素"。然而，对爱因斯坦来说是想当然的所谓"观测者对时间流逝的感知，参照系是至关重要的"这个事实，即"时间并非对于每个人是匀速的，在某些人看来时间在加速前进，而另外一些人却觉得时间的脚步很慢"，对很多普通人来说，却是从未认真考虑过的。

如果这本书有幸被你翻阅，你看懂了这些文字的话，那么可以推断你至少不小于 12 岁。这证明你已不是儿童，你对抽象文字具备一定的理解能力。假如你曾听过老狼的《同桌的你》，一首感动了不止一代人的校园经典，对其中的经典歌词你不可能不发生共鸣——"那时候天总是很蓝，日子总是过得太慢"。

罗大佑的《童年》对 80 后的我们来说，几乎童年时期人人必学、人人会唱，"盼望着假期，盼望着放学，盼望长大的童年……"如今听来这些歌词一定对你的内心有一番别样的触动吧？年幼无知的时候，我们就是那么嫌时间过得慢，盼望快快长大。而终于到了足够大的年纪，却不禁万分感慨"光阴匆匆似流水"……

心理学家可以用特别简单、准确而又非常精巧的方法清楚地解释为什么随着年龄的增长每个人都会觉得时间越来越快。对一个 5 岁的孩子来讲，未来的一年相当于他已经度过的一生的 20%；而对一个 50 岁的人来讲，未来的一年只相当于他已经度过的一生的 1/50，即 2%。所以，从感觉上来看，随着年龄的增加，时间好像越来越快。

这也是时光无情的一方面。无论年幼时听长辈、老师讲了多少大道理，无论阅读多少名人因为惜时终获成功的故事，无论教室、走廊墙壁上贴满多少教导珍惜光阴的标牌，该明白的我们都没有及时明白。我们非要等到青春彻底逝去，自己的记忆、背诵、上进心等各种学习能力都衰退以后才开始焦虑时间的紧迫。少数极其自觉、时间意识极强的人，他们醒悟得比众人早，并持之以恒地勤奋，于是到别人感慨、醒悟的年纪，他们人生的光芒已开始散发出来。许多感叹自己平庸的人，为什么没有在自己应该惜时、发奋的年纪开始反思呢？

如果在最应该发奋学习、珍惜时间的青春时光，我们便接受并理解时间的宝贵，许多人成年后的命运很可能呈现另外的景象。我们总以为是因为先天条件的差异造成了不同人天壤之别的人生走向，实际是因为对人生、生活缺乏完整的理解。加上自身感知的局限，普通人习惯于把人生缺憾归结为"谋事在人，成事在天"，或"命中有时当须有，命里无时莫强求"，再或者是"造化弄人"，等等。然而，这真的是自欺欺人。持此观念的人，他们并不知道自己其实曾有不少改变命运的机会，却因时间无法倒流，一切已变成了不可更改的既定事实。

我们似乎总是被时间老人催促着往前赶，脚步何其匆忙，无力回顾，也无暇展望，似乎一个个都是十足珍惜时间的派头。而实际上，懒惰、空想、偷闲无时不在，我们的心思被这些占得太多，而我们却浑然不觉。是不是该醒悟了呢？将时间据为己有，成为自己时间的主人，游刃有余地学习和生活，才是我们应该有的生活。

4. 如何每天比别人多一小时

在英国的有些农场，农场主会故意每天把座钟或手表调快一小时，目的是为了让农民或工人去抓紧时间，加快劳动。也就是说，当他们早上8点被闹钟吵醒的时候，实际时间是7点钟。这种做法放到其他人，比如我们身上如何呢？不同的人肯定有不同的反应。

一些人的想法是，早上睁眼醒来，一看时针指向8点，接着想起，实际时间才7点，还早着呢，我可以再赖床一小时。或者晚上跟朋友聚会，看看时间已到10点了，哎，不对，才9点呢，那我再玩儿一小时。等到最后终于回家，感觉回家已经很晚了，但是心里面却告诉自己其实并没有那么晚。另外有些人，突然发现自己的表被调快了一小时，感到上当受骗了，会认为被别人捉弄了并非常愤怒。当然，他们不会是有时间管理意识的人，不会意识到自己的那些坏习惯已经浪费了多少时间，而其他人利用这些时间多做了多少事。我们是以上两种人中的一种吗？显然不是。那么我们必须通过将自己的时钟、手表或电脑时间调快一小时，才能提醒自己每天时间的紧迫吗？当然也不是。我们如此说和要求自己做到的本质是，在不依赖于把钟表调快的情况下，每天比别人多挤出一些时间。接下来，我们要关注并珍惜这额外的时间。

首先，你怎么挤出并利用这额外的一小时？

第一，保持办公桌的整洁有序和办公室环境井井有条。及时清理办公桌上无用的文件或杂物，将暂时不确定有无用处的放在隐蔽的角落里。打扫干净一切杂乱的地方，确保无论办公室还是住所、卧室都整洁干净。整洁的环境会让人心情舒适，自然对提高工作效率有好处。原本20分钟才能完成的一篇报告，好的环境里你只用15分钟就完成了，这不是挤出了5分钟吗？

第二，工作条理清晰，一样一样完成。在一定的时间里，专心做好一项工作，确保自己尽最大的努力出色地完成。不反复修改，也是对时间的一种节省。制作一份简短的调查问卷，你花了20分钟完成，然后交给主管。主管看后要求你必须重做，于是你至少得再花20分钟重新做这件事。还不如你花上半小时，先认真思考后再写出来，然后让主管看了满意。这样一来，你岂不是能省下10分钟？

第三，将能对工作产生干扰的一切杂事抛开。比如，不要将不必要的文书、花花绿绿的时尚杂志、报纸或其他类似的东西放在电脑旁边，那样很容易分散你的注意力。比如，很可能你在电脑前看稿子看得有些倦怠的时候，将眼睛往旁边一瞟，刚好看到美女如花的笑脸，于是手便情不自禁地想去翻一翻它。打住！

第四，每天查看邮箱不要超过3次。除非出于工作需要，否则每天查看邮件不要超过3次。邮箱早就不止具有单纯的电子信件功能，它里面汇集了形形色色的广告、信息功能，一些标题惊悚、抢眼的新闻往往会第一时间抢走你的眼球。而一旦打开，你一时半刻都不能从中抽身而出。假如你浏览那些非紧急不重要的邮件经常要花费15分钟，那么改掉这个做法的话，便节省下了一刻钟的时间。记住，如果有非常紧急的情况的话，别人会打电话通知你。

第五，将相近的工作放在一起处理。比如，在某个时间段内，连续在几个博客或微博上写三四篇博文。在一段时间内专心致志地写文章，思维会比较流畅，会写得比较快，作品质量也会比较高。

第六，少睡觉，适当控制睡觉时间。作为正当青壮年的我们来说，每天睡7个小时足够。这样的话，我们能挤出不少时间。利用这额外的时间，我们可以健身，比如在小区里做一会儿体操，或用健身器材锻炼半小时，这对白天保持旺盛精力和提高工作效率自然有好处。

第七，不滥看电视。除了自己确实感兴趣的和一些有内涵、有思想价值的栏目外，尽量不要在电视前消耗大量时间。精彩的娱乐节目一般人都难以抵抗其诱惑，可以适度地看。对于自己喜欢的电视剧，可以选择工作任务不多的周末或比较闲暇的时候，在网上一口气看完。

总之，只要你愿意摸索并改变，总能发现不少办法可以让生活变得更简单，让自己做事更高效快捷。其实我们可以将每一个小时的时间视为一个又一个的"空格子"，所谓时间管理就是如何将事情分类，然后塞到合适的"格子"里。生活中要想获得真正的成功与进步，就要保持一种心态：每一件事都做得正确、有效、出色。记住，你所节约的每一分钟都会成为你每天那额外的一小时。你可以利用那一小时做很多你想做的事情。充分利用你的时间和机会，每天你都会有额外的一小时或者更多。将时间管理做到这个境界，那么就不仅是管理时间而已，你将自己的事业、家庭、未来等也一并"管理"了。

214

5. 拓宽生命的宽度

生命的长度对于一个人不可谓不重要，然而决定生命价值的却更在于生命的宽度。长度以时间作为指标，通常表现为寿命长短；而宽度则指的是精神内涵。一个人如果活到 100 岁，平常什么也不做，每日除了三餐便是睡觉，没有兴趣爱好，没有朋友，没有追求，终生碌碌无为，因为足够轻松或许也能叫人羡慕。然而，扪心自问，你真的愿意这样过一辈子吗？再看另外一种人，虽然只活了 50 岁，但在有生之年孜孜于工作和事业，学识达到相当高度，交际广泛，兴趣爱好也得到发展，还做到事业家庭两不误。他不仅为国家创造了大量物质财富，更为大众创造了宝贵的精神财富，得到众人的尊敬和社会的认可。这便是生命长度与宽度的不同意义所在。

生命自诞生伊始，本只有长度，没有宽度。我们靠什么让原本单薄、简单的生命变得丰富、有意义呢？靠时间。新生命牙牙学语、学会走路需要时间，上学接受教育、学习文化知识需要时间，不断阅读书籍、思考问题需要时间，而后投身于工作、献身于事业需要时间，维护家庭、孝敬父母需要时间。总之，人生的宽度全在于你对时间的把握和利用。

一个小男孩跟同学产生了冲突，被同学打败了。放学后他跑到学校后面的大山前用力喊："我恨你，我恨你。"大山很快传来回音"我恨你，我恨你"。男孩很害怕，赶紧跑回家告诉妈妈："山那边有个坏孩子，他说他恨我。"妈妈听了后，带他到山前喊了声"我爱你"，这次小男孩听到山那边的回声也是"我爱你"，并明白了一个道理：自己对别人怎样，别人就会对自己怎样。

时间就像回声，你往它里面填充什么它就回馈给你什么，你在时间的土地上播种什么就能收获什么。你所填充的、播种的、收获的便是你的精神、灵魂。由于思想、精神的存在，人类生命便被赋予了超越物质而存在的永恒意义。这就是生命的宽度。没有思想的生命，就失去了生命存在的意义。一个人的生命再长，若宽度始终为零，则生命存在的意义依然为零。生命的长度不以人的主观意识而改变，而生命的宽度却掌握在每个人手中。

一些健在的革命老前辈都是奋力拓宽生命宽度的人。他们当中的不少人已年过八旬甚至更老，却全然忘却自己已老的事实，抓紧分秒时间笔耕不辍，坚持用自己的行为和作品影响和感染后人，以实际行动不断拓宽生命的宽度，使夕阳的余晖绽放异彩。一位叫李毅直的八旬老人，以自己的亲身经历为基础，写出了《磨难与霞光》系列 3 本书，谭福德老人将自己年轻时的战斗经历写进了《鲜红的雪山》一书，他们的作为让当今的年轻人重新领略了那个战火纷飞的峥嵘年代。这些老人对时间极为珍视、丝毫不放松，坚持"学无止境，业精于勤"的信条，所作所为的意义都是为了尽可能拓宽生命的宽度，他们的精神一定令许多年轻人自愧弗如。

为什么垂垂老矣的老人能做到如此执著地追求？因为他们心中都有股激情——对生命与时间的激情。缺乏这种激情，想掌握时间管理的艺术是不可能的。这正是不少年轻人经常喊"无聊"、"郁闷"的原因之一。

对生命、时间的激情不够，对生命宽度的意义缺乏理解，你可能一段时间对学习、工作很主动，但转眼间就变得消沉了，动力很快消失，不想继续坚持。除非你自己从内心认识到，主动培养自己的热情，否则你很难成为一个主动、积极的人。

要拓宽生命的宽度，关键在于人的精神。随着年岁增长，身体逐渐变得衰老，这是不得不遵从的自然规律。但精神却是我们自己可以控制的，我们可以让自己的心态保持18岁的活泼、进取，我们可以对某样新鲜事物产生兴趣并学习它，我们可以参加公益活动、服务他人。只要时间还在手中，我们就可以尽一切可能为社会多作贡献。我们不能延长生命的长度，却可以尽可能拓宽生命的宽度，在生命的剧本中留下一个完美的句号，让自己不枉此生。

6. 做个不迟到的人

俄罗斯《真理报》曾做过一项调查，发现上班大军中经常迟到的人占24％，13％的人偶尔迟到。在我们国家，上班迟到也是一件很常见的事，即便各单位或企业都对员工迟到现象作出了各种处罚规定。如果偶尔因急事或无法控制的原因而耽搁了，迟到一两次也无可厚非。倘若迟到成了家常便饭，这便是个人素质和时间观念偏差的体现了。上班迟到，约会迟到，开会迟到，参加活动迟到，各种各样的迟到现象经常发生在我们周围。

每天上下班的乘车时间属于非自主时间，也就是和意外事件一样，难以用正常合理的方法计算。因此，交通几乎是影响每一位上班族至关重要的因素。尤其在大城市，不少人在上下班路上所花费的时间远不止几分钟、十几分钟。可是，如果我们能妥善应用这中间的大块时间，也能做不少事情。

比如，如果自己开车的话，不妨每隔一段时间就去尝试一条新的路线，或者跟自己的同事和邻打听一下，附近有没有更快捷的路线。通常影响上班时间的不是路的远近，而是是否遇上堵车情况或红绿灯出现次数多少，选择抄小路当然会快得多。

居在交通拥挤的大都市，拥有私人汽车有时也会成为一件麻烦事。路上经常遇到堵车，停车时泊车位收费贵并难找，汽车得定期保养、加油、清洗，等等。这相当于给本就繁琐的生活另外增添了一层负担，是不是有些不必要？这么说的话，使用公共交通方式反倒显得方便、利落，比如先骑自行车去地铁站，然后再搭乘地铁到达目的地，只要提前计算好时间，通过公交、地铁会比自己驾车省时、经济、环保。

如果搭公共汽车时，能够不换车是最好的，因为等车的时间又是一项不确定的因素，这就符合时间管理的"一次处理一件事，相关事件一次处理"的原则。在大城市因为地铁比较发达，为上班族带来了便利。然而正因此，造成几乎所有上班族都在上下班高峰期挤地铁，对体力偏弱的人而言，这可不啻是体力活。因地铁站点分布并不像公交站点那么密集，从地铁出来后，经常要走很远一段距离才能到达上班地点。为了上班不迟到，这就要求一部分住得远的上班族必须具备强健的体质和竞走的特长。

闹钟铃声大作，半睡半醒中孟颖从被窝伸出一只手，将床头柜上的闹钟按停。迷迷糊糊中她想，太早了，才6点半，再睡10分钟。再醒来时，孟颖吃惊地发现，时针已指向8点了！这一惊，非同小可，一面大声嚷着怎么没人叫她，一面飞快打开柜子找套头毛衣。却发现手忙脚乱之下怎么找也找不到。这个月，她已经迟到4次了。上个月老板拿着考勤表找她，孟颖当面向老板保证，这个月的迟到次数绝不超过5次，眼看着自己的保证又不能兑现了。

孟颖出门才发现，老天爷也不帮忙，天仍在下大雨，叫不到出租车。孟颖决定今天干脆请假，她拿出手机打电话给老板，电话里老板的口气非常难听。孟颖也不想迟到，想在老板面前表现好些，可是家离办公室远，总不知不觉迟到，似乎成了习惯。她有时甚至想，干脆辞掉这份工作算了。

做到不迟到真的那么难吗？为什么有些人就是习惯迟到呢？实际上，大多数经常迟到的人都迷失在自己混乱的情感之网中。他们的生活充满了苦恼、遗憾和内疚。他们深陷于自己制造的混乱中，也明白因为自己的迟到所造成的损失。显然，他们利用了工具来提醒自己准时起床，但滴答作响的闹钟从不能将他们从睡眠中及时拉起，直到狂跳的心脏告诉他们"要迟到了"，他们才感到自己又一次重复了不好的行为。

他们需要意识到的是，究竟是什么原因造成了迟到的结果。迟到者通常被称为时间乐观派，他们总是对一天能做的事情过分乐观，认为一天、一小时、一瞬间内可以完成很多的事情。有时，他们也会太过于专注眼前的事情而忘记时间。

当你情不自禁要迟到时，试试以下技巧，也许会提高你对于时间的意识。

第一，做一个时间现实主义者。列一个任务计划表，买一个秒表，练习精确估算时间。坚持一个月，在任务单上的每个事项旁写上预算的时间。执行任务时，用秒表来统计实际耗费的时间，对那些被临时安排的任务也加以计时。例如，在去开会或参加派对的途中，你心血来潮打算只花 5 分钟去一趟咖啡店，这时不要忘了记录时间。然后比较实际花费时间和预算时间的差别。同时创建时间参考表，一旦你弄清楚了做某事真正需要多长时间，在一张索引卡上记下常见的任务和真正需要的时长。比如早上出门到地铁站，12 分钟；买早餐，5 分钟，等等。坚持这样做一段时间以后，你就会明白，时间不是无穷的，并学会切合实际地安排你的日程。

第二，清楚了解迟到对公司、他人造成的影响。习惯性迟到者总认为自己的迟到对别人没什么影响，庞大的企业运转不会因自己的一点迟到而受影响。你该明白事实绝非如此。你应该勇敢地问身边的人："我迟到了会给你带来什么麻烦？""我迟到了你有什么看法？"真实的答案可能会让你十分惊讶。

李小琳的女儿邹婉婉在一所离家比较远的学校上学。她几乎每天早上将孩子送到学校时，孩子都会迟到。后来有一天，孩子的班主任找到她，给她算了一笔账，结果是：每天早上因为邹婉婉的迟到，其他同学每年将要牺牲近 40 个小时的学习时间。得知这一点时，李小琳感到非常震惊。老师的具体解释如下，每天早上她让 30 个二年级的学生集中注意力已经很不容易，邹婉婉一迟到其他孩子的注意力便分散了。老师不得不再花 10 分钟让他们安定下来。每天 10 分钟，每周加起来就将近 1 个小时。每学年 45 周，每个孩子一年将失去接近 40 个小时的学习时间。

所以，暂时抛开你自己的苦恼，站在那些等待者的角度多替他们考虑考虑。恳请他们坦诚相告，仔细倾听他们的想法，找到能让你守时的动力。

第三，记录你的成功。一个月的时间里，每天都记下你准时和迟到的次数，将目标定为 30 天内无迟到纪录。一路上"成功纪录"能激发你继续前行。该月结束时，守时带来的诸多益处——朋友和同事的肯定、压力的减轻、时间上的自由掌控，会鼓舞你坚持下去。

第四，坚持提前 10 分钟到达目的地。这称得上习惯性迟到的克星。不要想着掐着时间进门，为自己多留一些空余时间，因为任何意外都可能使你晚点。让自己坚持连续 30 天提前 10 分钟到达公司或与人约会的地点。

第五，让等待变轻松。等待时分做点有趣的事情。提早到达就有时间给朋友打个电话，继续没看完的小说，整理文件，核对任务单，听听音乐，观察各色人等或写写备忘录。你不必闲下来，只要你喜欢，你也可以把时间表安排得满满的。

第六，迟到就接受惩罚。建议公司实行比较严厉的奖惩制度。对习惯性迟到者进行罚款，具体标准可依据公司制度的宽严和迟到者的接受底线而定。如果 1 分钟一块钱没有动力，那就涨到每分钟 5 块钱。坚决不接受借口。要求迟到者停止戏剧性地描述路上出了多少意外，简简单单地说一句"我为迟到感到抱歉，无论如何造成的损失我承担。我一定努力改正，再无下次"。既然迟了，就不要怕挨批评，更不要借故请假。去得再晚也总比不去上班好，自己造成的问题自己得勇敢面对，逃避不是办法。况且无故耽搁一天，对工作和自己造成的损失你一时半会儿感受不到，但到一定时候生活会以某种方式让你明白的。

总而言之，只要你用心体会并学习以上教授的技巧，那么"迟到"的阴影会渐渐远离你。当你有了明确的时间观念，懂得珍惜时间并学会时间管理，你就会是一个再也不迟到的人。

第十章 是你偷走了自己的时间

7. 快做慢活， 掌握成功节奏

西装革履、头发整齐，出入豪华、壮观的写字楼，这是常见的大企业的中高级管理者的形象。在别人看来，他们的工作光鲜、有地位、有层次。然而，他们在时间上的紧张和匆忙也非普通人所能体会。比如一位银行高级财务总监，在中午有限的吃饭时间里，他和几个同事急匆匆地步入电梯，人都还没站稳，赶紧伸手按下楼层号码，电梯没有及时反应过来，于是他接着连续多次按"关门"键，愈按愈使劲，边按口中边嘟囔："怎么反应这么慢？"看，他们就这样分秒必争！他们甚至连吃饭也不放松一下，似乎永远也不能放慢脚步。

这就是对职场上标准的"匆忙族"的描述，他们的生活节奏永远处于高速运转的状态，就好像开车时，一旦速度达到了130码就很难慢下来。这样导致的后果是，许多"匆忙族"经过长期的匆忙的生活，已不知不觉出现"慢无能"的现象，即"能耗"已经快跟不上了，速度却慢不下来，人也无法放松，因为他们已不懂得如何将车速调到低挡甚至空挡，只能沿着惯性高速地前进。这当然不是好的现象。这种持续处于匆忙状态的生活，会给人造成持久的压力感，影响心理健康，身体往往会为此付出高昂代价。

美国的两位医生弗里德曼和罗斯曼，根据自己的临床观察和长期的跟踪研究发现，那些易患心血管类疾病的人，在行为上有一些共同特征。他们将这些特征进行总结，提出了"A型性格"一词。A型性格与一个人的血型无关，它概括的是某类人的性格及行为特征。A型性格的人好胜心强，事业心强，雄心勃勃，有强烈的时间紧迫感，凡事求成，凡事都要求自己比别人好，对自己要求极高，所以总是感到有压力，因而容易罹患心脏病、高血压、溃疡、慢性头痛等疾病。如不学会适当调整，A型性格会对自我生理和心理产生较大的伤害，这便是这种行为模式造成的消极后果。这类人让自己身心俱疲，很难享受成功带来的快乐和满足感，也就是说，即使再成功，他也感受不到幸福。因而专家们总是提醒这些人要特别注意压力管理，以免赔上健康，甚至产生过劳死的悲剧。

听来是不是不妙？你想知道自己是不是 A 型性格的人吗？请一起来看看下面的小测试题。回想一下你近来一个月的状况，结合周围人对自己的评价，用"是"或"否"来回答每一个问题。

(1) 我很不喜欢无所事事的感觉。

(2) 聆听别人谈话时我会一直想自己的问题。

(3) 我吃饭、走路、说话的速度都很快。

(4) 可能的话，我会同时做好几件事。

(5) 我很有时间观念，别人迟到时我也很不耐烦。

(6) 别人认为我是个很容易生气的人。

(7) 当别人向我解说事情时，会催他赶快说完。

(8) 我会在还没完全计划好时，就开始做事。

(9) 即使在假日，我也会把工作带回家做。

(10) 我尝试在时间限制内做出更多的事。

(11) 除了工作之外，我没有其他的嗜好及兴趣。

(12) 我习惯把每个人都视为竞争对手，而想要赢过他们。

(13) 我总是觉得有些事等着我立刻去完成。

(14) 在跟他人说话时，我会急着表达自己的意见而打断对方。

（15）我在别人尚未完成他的工作时，就急着开始做我负责的后续工作部分。

认真记下自己的答案。如果其中出现的"是"超过5个，那就表明你属于A型一族。接下来你知道该怎么做吗？你应该叫自己"慢下来"了！你要开始学习压力管理，将工作和生活节奏逐渐减慢，捍卫自己的身心健康。这需要你具备爱惜自己，对未来有远见的素质。

那么，究竟该如何调整好自己的脚步呢？首要之务是改善"慢无能"的现象。"匆忙族"最应该明白和掌握的策略是——快做慢活，就是让自己的生活节奏呈现出间歇性的韵律。在白天的工作时间，专注、高效地工作，而下班后的时间则是属于自己的，不要继续沉迷于工作，按时下班后做到：放慢脚步，享受生命中应有的轻松和愉悦。即便为任务所迫必须继续待在办公室，也应该有许多零星的时间属于自己自由掌控。例如在去洗手间的路上放慢步子，顺便眺望一眼窗外远处的风景；工作时间段内感觉疲惫时便到茶水间小憩片刻，等等。虽然这些琐碎时间都不长，但你若善于运用，都可能是极佳的休息时机。

此外，以下的几个做法也能大大提升你"快做慢活"的功力。

（1）**慢动作呼吸**：放慢呼吸的速度。在一堆工作将你搞得头绪纷乱时，停下来做几分钟深呼吸，将呼吸速率降为每分钟10~12次，可以让神经很好地舒缓、放松下来。

（2）**慢动作进食**：吃饭时不要那么急匆匆，试着慢慢地夹起食物，将它慢慢地咀嚼20下，然后缓缓吞下。

（3）**进行间歇性有氧锻炼**：间歇性强度的有氧运动（例如，快跑5分钟，再慢跑5分钟），最能模拟我们工作中突然出现高强度的压力的状态。如此锻炼自己，当环境改变时，我们就能够随之调整，要快就快，要慢也能慢，当然也就没压力了。

　　学会"快做慢活"，与社会上倡导的"慢生活"理念有一定相似之处。它的宗旨在于，在充分把握时间的前提下，同时做到顺应自然，顺应生命运动，顺应四季变化的规律。具体到生活中就是平衡好工作、生活和休息 3 大方面，重视身心健康，心态上保持淡泊宁静，和谐有序。"慢活"并非散漫和慵懒，而是一种自然与从容的气度和胸襟。